人物叢書

新装版

継体天皇《けいたいてんのう》

篠川　賢

日本歴史学会編集

吉川弘文館

今城塚古墳出土埴輪（巫女）
（『高槻市立今城塚古代歴史館　常設展示図録』より）

今城塚古墳全景（高槻市教育委員会提供）

はしがき

継体天皇《けいたいてんのう》は、『古事記《こじき》』と『日本書紀《にほんしょき》』とに二十六代目の「天皇」とされている。なかには実在しなかったと推定される天皇も含まれているので、二十六代というのは実数ではない。また継体の時代（六世紀の初めころ）には、いまだ「天皇」という称号はなく、のちの天皇に相当する倭国《わこく》の君主は、国内では「大王《だいおう》」と称していた。大王を正式な君主の称号とみることには疑問も出されているが、稲荷山古墳《いなりやまこふん》出土の鉄剣銘や江田船山《えだふなやま》古墳出土の大刀銘によれば、五世紀後半に「大王」の呼称があったことは確かである。継体が六世紀初めころの大王であったことは間違いないが、事実として何代目の倭国の君主にあたるのか、また倭国の君主が大王を称するようになって何代目にあたるのか、これらの点は不明とせざるを得ない。

さらに「継体」という名も、当時は存在しなかった名である。このような漢字二字で表記される天皇の呼称は中国風《ちゅうごく》の諡名《おくりな》（漢風諡号《かんふうしごう》）であり、本来『古事記』にも『日本書紀』にもなかった呼称である（以下、両書を併記する場合は「記紀」と略記する）。記紀に登場する天皇の漢風諡号は、いずれも八世紀中頃にそれぞれの事績や性格にちなんで贈られたものと考えられている（坂本太郎「列聖漢風諡号の撰進について」）。

継体天皇は、『古事記』では「袁本杼命《をほとのみこと》」、『日本書紀』では「男大迹天皇《をほとのすめらみこと》」と表記され、『日本書紀』には「彦太尊《ひこふとのみこと》」という別名も伝えられている。本書においては、これらのことを承知したうえで、一般的に用いられており簡明でもあるという理由をもって、「継体天皇」（あるいは単に「継体」）という呼称を用いていくことにしたい。

さて、継体天皇の出自については、記紀いずれにおいても十五代応神《おうじん》天皇の五世孫とされ、一代前の武烈《ぶれつ》天皇に子がなく、皇位を継承すべき人物がいなかったので、地方から（『古事記』では近江《おうみ》、『日本書紀』では越前《えちぜん》から）迎えられて即位したとされる。このような即位についての記述は記紀のなかでは異例であり、継体の即位事情をめぐっては、新しい王朝の創始者とする王朝交替説（水野祐『増訂 日本古代王朝史論序説』）をはじめとし、多くの議論が積み重ねられている。

即位後の継体は、外交面では百済《くだら》と結び、その要請に従って援軍を派遣し、内政面では氏姓《しせい》制・部民《べみん》制・国造《こくぞう》制などの整備を進めていった。晩年には、九州北部で外交問題とも関連して「磐井《いわい》の乱」が起きるが、それを鎮圧することによってこの地域にも国造制を施行することが可能になった。継体の時代が古代国家形成過程における大きな画期であったことは間違いないといえよう。

このような継体についてその実像を明らかにしようとする場合、基本となる史料は『日本書紀』である。『日本書紀』は養老《ようろう》四年（七二〇）に成立した最初の勅撰《ちょくせん》の歴史書（六国史《りっこくし》の最初）であり、全部で三十巻からなる。第一、二巻は神々の物語、第三巻は初代神武《じんむ》天皇の巻、第四巻は二代綏靖《すいぜい》天皇から九代開化《かいか》天皇まで、第五巻は十代崇神《すじん》天皇、以下原則として一人の天皇につき一巻を割き、最後の第三十巻は四十代持統《じとう》天皇の巻である。二十六代継体は第十七巻にその記事が収められている。

『日本書紀』の成立については、『続日本紀《しょくにほんぎ》』（『日本書紀』に次ぐ六国史の二番目。七九七年成立）の養老四年五月癸酉《きのとのとり》（二十一日）条の記事から、舎人親王《とねりしんのう》を中心に編纂された勅撰の歴史書であること、養老四年五月に完成し奏上されたこと、本文三十巻のほかに系図一巻が奏上されたことなどが知られる。ただ、その編纂がいつ舎人親王に命じられたかは記事がなく、『日本書紀』の編纂過程については不明な点が多い。

今日一般的に『日本書紀』の編纂にかかわる最初の記事として注目されているのは、『日本書紀』天武《てんむ》十年（六八一）三月丙戌《ひのえのいぬ》（一七日）条である。それによれば、天武天皇が川島皇子《かわしまのみこ》らに「帝紀《ていき》」と「上古《じょうこ》の諸事《しょじ》」を記し定めるよう命じ、中臣大島《なかとみのおおしま》と平群子首《へぐりのこおびと》がそれを筆録したというのである。もちろん、この時に筆録された文章が今日に伝えられているわけではない。しかし、この天武朝の修史事業が、『日本書紀』の編纂やその内容と無関係であるとは考え難い。

また、天武天皇による修史事業については、『古事記』の「序」にも記事がある。その内容を要約すると、壬申《じんしん》の乱後、飛鳥浄御原宮《あすかのきよみはらのみや》に即位した天武天皇は、諸家の伝えている帝紀と本辞《ほんじ》（旧辞《きゅうじ》）は正実に違い多く虚偽を加えていると聞き、帝紀・旧辞を検討考究して撰録し、偽りを削り実を定めて後世に伝えたいと詔し、舎人の稗田阿礼《ひえだのあれ》に勅語して帝皇日継《すめらみことのひつぎ》（帝紀）と先代旧辞《さきつよのふるごと》（旧辞）を誦習《しょうしゅう》させた。しかし天武天皇が死去し、時代が変わって完成するまでに至らなかった。その後、元明《げんめい》天皇の代になり、天皇は旧辞・先紀

（帝紀）が誤っていることを惜しみ、それを正そうとして和銅《わどう》四年（七一一）九月十八日、太安《おおのやす》万侶《まろ》に「稗田阿礼が誦習している勅語の旧辞を撰録して献上せよ」と詔し、その詔にしたがって和銅五年（七一二）正月二十八日、太安万侶が『古事記』三巻を献上した、というのである。

これによれば、『古事記』は『日本書紀』よりも早く、和銅五年に成立した歴史書ということになる。そしてこの「序」にいう「帝紀」「旧辞」が、『日本書紀』天武十年三月丙戌条の「帝紀」「上古の諸事」に相当することは明らかであろう。

『古事記』は上、中、下の三巻からなり、上巻には神々の物語、中巻には初代神武天皇から十五代応神天皇までの記事、下巻には十六代仁徳《にんとく》天皇から三十三代推古《すいこ》天皇までの記事がある。『古事記』については、この「序」以外にその成立を伝える史料はなく、江戸時代以来、偽書とする説が唱えられてきた。しかし今日では、その仮名遣いから八世紀初めころに書かれたものとみて間違いないとされている。「序」についても、「安万侶」の表記が昭和五十四年（一九七九）に奈良市此瀬町《このせちょう》から発見された墓誌銘と一致することなどから、当時のものとみてよいと考えられる。

『古事記』と『日本書紀』はその内容に共通する部分が多く、両書は右の「帝紀」「旧辞」を共通の原資料としたことが明らかである。記紀の内容や「帝紀（帝皇日継）」「旧辞（上古の諸事）」というその名から判断して、「帝紀」は天皇の系譜や宮《みや》・陵《みささぎ》などについて記したもの、「旧辞」は神々の物語や天皇・宮廷の伝承などを記したものと考えられる。「帝紀」「旧辞」がいつ成立したかは明確にできないが、六世紀以降とみるのがふつうである。

また、記紀において共通の原資料である「旧辞」に基づいたとみられる記事が存在するのは、二十三代顕宗《けんぞう》・二十四代仁賢《にんけん》天皇のころまでである。そして『古事記』の場合は、それ以降は「帝紀」的な記事のみとなっている。したがって、二十六代継体についての『古事記』の記述はきわめて簡単なものでしかない。

一方『日本書紀』の場合は、継体天皇の巻（継体紀。以下、『日本書紀』の○○天皇の巻を「○○紀」と略記する）以降の記事は『古事記』とは逆に詳しい内容のものとなり、そこには実録的な性格もみられるようになる。『日本書紀』は、「帝紀」「旧辞」のほかにも政府の記録、各氏や寺院のもとに伝えられた記録・伝承、個人の手記、中国の歴史書、朝鮮半島系の史料など、さまざまな原資料に基づいて編纂されたことがその内容から知られる。継体紀の場合は百済側の史料である「百済本記《くだらほんき》」に基づいた記事も多い。

しかし、実録的な性格を持つようになるといっても、継体紀以降の『日本書紀』の記事をそのまますべて事実の記録とみることはできない。そこには、『日本書紀』編者の歴史認識に基づく原資料の取捨選択や書き換え、また記事そのものの作成などが行われた可能性が考えられるからである。継体の実像を明らかにしようとする場合、継体紀の記事内容が事実の記録としてどれほどの信憑性を持つか、この点の検討が重要となる。

したがって、継体の伝記を執筆するというのは容易な作業ではない。そもそも生没年についても記紀の間でその伝えに違いがあり、明確にはできない。『古事記』では継体の享《きよう》年《ねん》を四十三とし、その崩年干支を丁未《ひのとひつじ》（この丁未年は西暦五二七年に相当する）と伝えているが、『日本書紀』では本文（継体二十五年二月丁未条）と割注に引用された或文《あるふみ》（同年十二月庚子《かのえね》条）とで違いがあり、本文は継体二十五年（五三一）に八十二歳で崩じたとし、或文は継体二十八年（五三四）に崩じたとしている。また即位年についても、『日本書紀』は丁亥《ひのとい》年（五〇七）とするが、編年体で書かれていない『古事記』からはそれを知ることができない。

このように、継体の伝記執筆には多くの困難をともなうが、本書では即位前の前半生を過ごしたと推定される五世紀後半から、没後も含めた六世紀前半を範囲に、その時代を取りあげつつ継体の生涯をたどっていくことにしたい。なお、本書における記紀の引用は、いずれも日本古典文学大系本の訓読文によることとする。

二〇一五年十二月

篠　川　賢

目次

口絵

挿図

挿　表

第一　継体即位前の時代

一　倭の五王の外交

継体が即位前の前半生を過ごしたと考えられる五世紀後半は、倭の五王の時代の後半に相当する。この時代がどのような時代であったか、まずは倭の五王の外交から考えていきたい。

倭の五王の宋への朝貢

中国南朝宋（四二〇～四七九年）の歴史書である『宋書《そうじょ》』（梁《りょう》の沈約《しんやく》により、四八八年に完成）には、讃《さん》・珍《ちん》・済《せい》・興《こう》・武《ぶ》の五人の倭王が代々宋に朝貢の使いを出し、宋の皇帝から安東《あんとう》将軍《しょうぐん》倭国王、あるいは安東大将軍倭国王の称号を授与されたことが記されている。この外交により、倭王は宋の皇帝の臣下（外臣）に位置づけられたが、同時に倭国の王としての地位を認められたのである。当時は朝鮮半島の高句麗《こうくり》王や百済《くだら》王も、宋の皇帝と同様な関係を結んでいた。

府官制の導入

　また周辺諸国の王は、中国の皇帝から将軍号を授与されることにより、その本拠に将軍府を開き、そこに府官《ふかん》を置くことを許された。この府官制については坂元義種や鈴木靖民による研究があり（坂元義種『古代東アジアの日本と朝鮮』、鈴木靖民「倭国と東アジア」、同『倭国史の展開と東アジア』など）、鈴木は、府官制を導入することによって、倭王は国内における王権を強化・拡大していったと説いている。

讃の遣使

　倭の五王の最初の讃は、四二五年、宋に司馬曹達《しばそうたつ》を派遣した。この「司馬」は、讃が宋の将軍号（おそらく安東将軍）を除授されたことにより設置が認められた府官である。曹達はその名からして中国系の渡来人と推定され、倭王に近侍した知識人とみるのが妥当であろう。

珍の遣使

　次の珍は、四三八年、自ら「使持節《しじせつ》、都督《ととく》倭・百済・新羅《しらぎ》・任那《みまな》・秦韓《しんかん》・慕韓《ぼかん》六国諸軍事、安東大将軍、倭国王」と称してその除正《じょせい》（正式にその称号を認められること）を求め、同時に、倭隋《ずい》ら十三人についても「平西《へいせい》・征虜《せいりょ》・冠軍《かんぐん》・輔国《ほこく》将軍」の号を仮授して（仮に授けて）、除正を求めた。自身は「安東将軍、倭国王」を認められたに過ぎなかったが、倭隋らは仮授のまま除正されている。

　「使持節、都督倭・百済・新羅・任那・秦韓・慕韓六国諸軍事」というのは、倭国内

朝鮮半島諸国と倭

だけではなく、朝鮮半島南部諸国に対する軍事権を持つことを示す称号である。これは次の済の時に、百済を除き、代わりに加羅《から》を加えた形で認められ、最後の武の時にはさらに百済を加えた七国諸軍事を要求したが、やはり百済を除いた六国諸軍事が認められただけであった。百済に対する軍事権が最後まで認められなかったのは、当時は百済王も宋に朝貢し、「鎮東《ちんとう》大将軍百済王」の称号（倭王よりも上位の将軍号）を授与されていたからと考えられる。

5世紀後半の朝鮮半島

当時の朝鮮半島は、北部に高句麗が領土を拡大して進出し、南部西側（かつての馬韓《ばかん》の地域）には百済、南部東側（かつての辰韓《しんかん》の地域）には新羅が国を構えていた。いわゆる三国時代である。また南端の地域（かつての弁《べん》韓《かん》の地域）は加羅（加耶《かや》）と総称され、いまだ確固たる統一政権は形成されておらず、諸小国の分立・連合の段階にあった。

当時の倭が朝鮮半島諸国といかなる関係にあったか、必ずしも明確ではないが、高句麗の好太《こうたい》王碑（好太王は広開土《こうかいど》王ともいう。在位三九一〜四一二年。好太王碑は、その功績をたたえるため、次の長寿《ちょうじゅ》王によって、四一四年に高句麗の旧都輯安《しゅうあん》、現在の中国吉林《きつりん》省集安《しゅうあん》県に建立された碑）によれば、四世紀末から五世紀初頭にかけて、倭はしばしば朝鮮半島に出兵し高句麗とも戦っている。当時の倭が、朝鮮半島南部諸国、とりわけ加耶地域に対して一定の軍事的影響力を持っていたことは事実と考えてよいであろう。

「任那」と「加羅」

珍をはじめ五世紀の倭王が「使持節、都督倭・百済・新羅・任那・（加羅・）秦韓・慕韓六国（七国）諸軍事」を要求したのは、このような背景があってのことと考えられる。なお、ここでいう「任那」は、単独に「任那」という場合は加耶地域全域を指し、「任那・加羅」という場合は、「任那」が加耶地域南部の金官《きんかん》国、「加羅」が北部の大加耶《だいかや／おおかや》国を指すと考えられる。また「秦韓・慕韓」についてはかつての辰韓・馬韓の地域で、いまだ新羅・百済の統制下に組み込まれていない地域を指すとみるのが妥当であろう。

倭隋ら十三人

ところで、珍が「平西・征虜・冠軍・輔国将軍」への除正を求めた倭隋ら十三人はどのような人々であったのだろうか。

これらの人々が倭国内の有力者であったことは間違いないであろうが、倭隋については、「倭」を姓としていることから王族とみる説が有力である。ただ、十三人すべてを王族とみる必要はなく、むしろそこには王族以外の有力な中央豪族も含まれていたとみる方が自然であろう。有力な地方豪族の含まれていた可能性も否定できない。また、「司馬」などの府官に任じられた倭王に近侍する人々が将軍を兼ねたという可能性も考えられるであろう。

「平西将軍」の解釈

いずれにせよ、珍は倭隋ら十三人に「平西将軍」「征虜将軍」「冠軍将軍」「輔国将軍」などの将軍号を仮授し、それを宋の皇帝から正式に認めてもらうという方法をとおして、十三人に対する優位を確立しようとしたことが考えられる。ここでいう各将軍号は、「平西将軍」が安東将軍としての倭王の将軍府（倭王府）からみての西の方を平らげる将軍の意味であることに示されるように、倭王に仕えるという意味の将軍号である（武田幸男「平西将軍・倭隋の解釈」）。

済の遣使

次の済は、四五一年、「使持節、都督倭・新羅・任那・加羅・秦韓・慕韓六国諸軍事」を加えられるとともに、仮授した二十三人には「軍郡」が除授されている。この「軍郡」は将軍と郡太守《ぐんたいしゅ》の号を指すと考えられるが、珍の時と比べて郡太守号の加わったこと、および人数の増加したことが注意される。これらのことは、鈴木靖民の説くとおり、倭王権による国内支配の進展と王権の強化という実質をともなうものであったとみてよいであろう。

武の遣使

次の興については、安東将軍を除授されたことしか伝わらないが、最後の武は自ら「使持節、都督倭・百済・新羅・任那・加羅・秦韓・慕韓七国諸軍事、安東大将軍、倭国王」と称し、さらに四七八年に宋の順帝《じゅんてい》に送った上表文の最後に、「窃《ひそか》に自ら開府儀《かいふぎ》同三司《どうさんし》を仮し、その余は咸《み》な仮授して、以て忠節を勧む」（石原道博編訳岩波文庫本の書き下し文による。以下、中国史書の引用については同じ）と述べている。「その余は咸な仮授して」というのは、珍の時の十三人、済の時の二十三人と同様、「自身以外の国内の有力者に対して、府官や「某将軍」「某郡太守」の号を仮授して」の意味に解するのが妥当であろう。それらが除正されたとの記事はないが、武の時にも「司馬」などの府官や「某将軍」「某郡太守」の号を仮授された人々の存在したことは確かと考えられる。武自身は「使持節、都督倭・新羅・任那・加羅・秦韓・慕韓六国諸軍事、安東大将軍、倭王」に除正されている。

朝貢の中止

なお、武の上表文は高句麗を討つための援助を宋に求めたものであり、もしそれがかなえられればこれまでどおり朝貢を続けるが、かなわなかった場合は以後朝貢の使いは出さないというものであった。宋はその翌年（四七九年）に斉《せい》に滅ぼされており、援助は得られず、その後、実際に武は中国への朝貢の使いを出さなかったと考えられる。『南《なん》斉書《せいしょ》』（中国南朝斉〈四七九〜五〇二年〉の歴史書。六世紀初めころの成立）には建元《けんげん》元年（四七九）に武の号を鎮東大将軍に進めたという記事があり、『梁書《りょうじょ》』（中国南朝梁〈五〇二〜五五七年〉の歴史書。六三六年成立）にも天監《てんかん》元年（五〇二）に武を征東《せいとう》将軍としたという記事がみえるが、これらはいずれも中国において新王朝が成立したことにともなう形式的な除授とみてよく、実際に武から使いがあったことを示すものではない。

王権の強化

このように倭の五王は、府官を置き、「某将軍」「某郡太守」の号を国内の有力者に仮授してその除正を宋の皇帝に求めるという方法をとったのであり、これにより王権が強化されていったことは間違いないと考えられる。ただ、ここで注意しておきたいのは、府官や「某将軍」「某郡太守」に除授された人々は、当時国内においても恒常的にその名で呼ばれていたとは考え難いという点である。それらはあくまで外交上の呼称であり、讃・珍・済・興・武という倭王の名自体も外交のための呼称であった。

二　五王の時代の王位継承

五王の系譜

次に、倭の五王の時代の王位継承の問題を考えてみたい。

『宋書』によれば、讃と珍は兄弟、珍と済との関係は記されていないが、済と興は父子、興と武は兄弟（武は済の子）とされている。また、『梁書』にも倭の五王の関係についての記事があり、それによれば、賛《さん》（『宋書』にいう讃）と彌《み》（『宋書』にいう珍。「珍」の異体字である「弥」と、「彌」の略字である「弥」とは字形が似ており、本来「珍」とあったものを、『梁書』ないしはその伝写の過程で「彌」に誤ったものと考えられる）は兄弟、そして『宋書』に記載のない珍（彌）と済との関係を父子としている。済の子が興、興の弟が武というのは『宋書』と同じである。

王位の世襲制をめぐる議論

『梁書』によれば、倭の五王はすべて父子・兄弟関係で結ばれており、当時、父系による王位の世襲制がすでに成立していたことになる。これに対し、『宋書』に珍と済の関係が記されていないことを重視し、『宋書』においては他の王の関係はすべて記しているのであるから、記していないのは関係（血縁関係）がなかったからであるとする説もある（藤間生大『倭の五王』、原島礼二『倭の五王とその前後』など）。

たしかに、『宋書』は宋が滅んでまもない時期（四八八年）に成立した書であり、その記事内容の信憑性は高いと考えられるのに対し、『梁書』は唐《とう》の時代に入った六三六年の成立である。そこには、のちの知識に基づく記述の加わっている可能性が考えられる。

五王の時代の記紀の王系譜

一方、記紀の王統譜では、倭の五王の時代に相当するころの天皇の系譜は次頁の図のとおりである。

それによれば、父系による父子・兄弟継承が行われていたことになるが、このころについての記紀の王統譜を、そのまま事実の伝えとみることはできない。ただ、中国側史料にいう倭の五王の系譜とある程度は対応するのであり、倭の五王が記紀にいうどの天皇にあたるのかという議論（比定論）は、古く江戸時代から行われてきた。

五王の比定論

この比定論において、済・興・武が允恭《いんぎょう》・安康《あんこう》・雄略《ゆうりゃく》天皇に相当するというのは、ほぼ共通した理解である。讃・珍については意見の一致をみないが、允恭の前の履《り》中《ちゅう》・反正《はんぜい》天皇を讃・珍にあてるとするならば、珍（彌）と済を父子とする『梁書』の伝えは記紀の王統譜と合わないことになる。

また、『宋書』において珍と済の関係が記されていないのは、実際は兄弟であったが

倭の五王の時代の記紀の王統譜

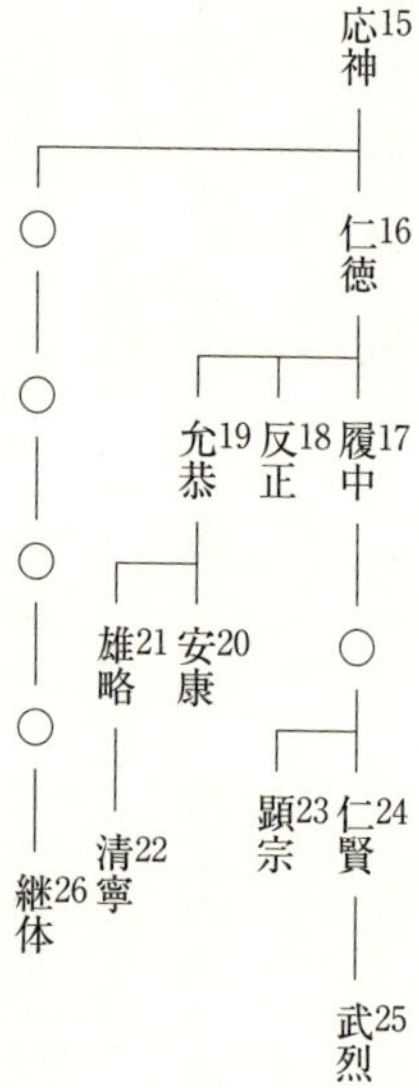

たまたま記されなかっただけであると解釈すれば、記紀の王統譜と『宋書』の矛盾は生じない。しかし、記されていないのは血縁関係がなかったからであるとする解釈に従うならば、記紀において反正と允恭を兄弟とすることこそ、事実の伝えではないということになる。

五世紀後半の王位継承

さらに、珍と済が血縁関係になかったとした場合、そこに王家の交代があったとみるか、あるいは当時は二つの王家が並立していたとみるか、さらには、たまたま兄弟、父子兄弟による王位の継承が行われただけであり、当時はいまだ特定の王家は成立していなかったとみるか、さまざまな解釈が可能である。

この問題は、倭の五王についてのみ取りあげて議論しても水掛け論に陥る可能性が高く、本書では、継体以降、王位がどのように継承されていったかをみたうえで、最後に改めて取りあげることにしたい（第七章の四「王統の形成」）。なお結論のみをここで述べるならば、当時はいまだ特定の王家は成立していなかったとするのが妥当と考えられる。

三　稲荷山古墳出土鉄剣銘と江田船山古墳出土大刀銘

ワカタケル大王

倭の五王の最後の武が、記紀にいう雄略にあたることは比定論にいうとおりであろう。そして、武（雄略）が稲荷山古墳《いなりやまこふん》出土《しゅつど》鉄剣銘《てっけんめい》と江田《えだ》船山古墳《ふなやまこふん》出土《しゅつど》大刀銘《たちめい》にみえる「獲加多支鹵大王」（ワカタケル大王）に相当することも間違いあるまい。ここではこの二つの銘文を検討することにより、武（ワカタケル大王）の時代、すなわち継体が即位する前段階の王権について考えてみたい。

稲荷山古墳

まず稲荷山古墳出土鉄剣銘であるが、稲荷山古墳は埼玉県行田《ぎょうだ》市に所在する、古墳時代後期の大規模古墳群である埼玉《さきたま》古墳群中の一基である。二重の長方形の周濠《しゅうごう》を有する墳丘全長約百二十メートルの前方後円墳《ぜんぽうこうえんふん》であり、後円部に粘土槨《ねんどかく》と礫槨《れきかく》の二つの埋葬施設が検出された。銘文入りの鉄剣が発見されたのは礫槨からであり、礫槨の年代は六世紀前半と推定されている。

銘文の釈文と訓読文

銘文は表裏合わせて百十五文字からなり、最初にこの銘文の解読にあたった岸俊男・田中稔・狩野久らによって次のような釈文と訓読文が示されている（『稲荷山古墳出土鉄剣金象嵌銘概報』)。

（表）

辛亥年七月中記乎獲居臣上祖名意富比垝其児多〔名脱カ〕加利足尼其児名弖已加利獲居其児名多加披次獲居其児名多沙鬼獲居其児名半弖比

（裏）

其児名加差披余其児名乎獲居臣世々為杖刀人首奉事来至今獲加多支鹵大王寺在斯鬼宮時吾左治天下令作此百練利刀記吾奉事根原也

辛亥の年七月中、記す。ヲワケの臣。上祖、名はオホヒコ。其の児、（名は）タカリのスクネ。其の児、名はテヨカリワケ。其の児、名はタカヒ（ハ）シワケ。其の児、名はタサキワケ。其の児、名はハテヒ。

其の児、名はカサヒ（ハ）ヨ。其の児、名はヲワケの臣。世々、杖刀人の首と為り、奉事し来り今に至る。ワカタケ（キ）ル（ロ）の大王の寺、シキの宮に在る時、吾、天下を左治し、此の百錬の利刀を作らしめ、吾が奉事の根原を記す也。

「臣」の読み

この釈文と訓読文は今日においても最も一般的に認められているものといえようが、「乎獲居臣」（ヲワケの臣）と釈読された「臣」の字についてはこれを「直」と読み、カバネのアタヒ（アタエ）と解する説（佐伯有清「臣か直か―銘文と武蔵の豪族―」）や、「巨」と読み「ヲワケコ」という人名と解する説（東野治之「七世紀以前の金石文」）もある。しかし、アタヒ（アタエ）という倭語を表記するならば、銘文における他の表記法と同様、漢字の一字一音の表記がとられたはずである。また銘文の段階（五世紀後半。銘文の「辛亥年」は四七一年にあたるとみてよい）において、カバネの直（アタヒ・アタエ）が成立していたとは考え難い。

一方、「ヲワケコ」という人名を表記したとするならば、それは「巨」ではなく、「意富比垝」（オホヒコ）の場合と同様「垝」の字が用いられたとみるべきであろう。銘文において倭語の同音を表記する場合は、「獲」「居」「比」「多」「加」「利」「弖」「披」「鬼」

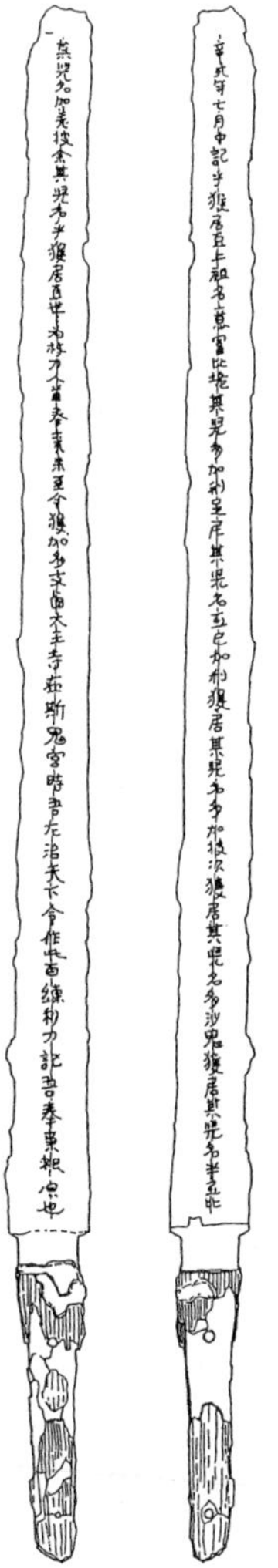

稲荷山古墳出土鉄剣銘の見取図

「臣」の解釈

など、いずれも同じ字が使われている。やはり通説のとおり、「臣」と読むのが妥当であろう。

そしてその「臣」は、臣下を意味する漢語の臣（シン）であり、オミという倭語を漢訳したものではないと考えられる。オミという倭語を表記するならば、右に述べたように漢字一字一音の表記がとられたはずだからである。銘文は漢文で書かれているのであり、倭の固有名以外は、「大王《だいおう》」「宮《きゅう》」「杖刀人《じょうとうじん》」「首《しゅ》」などの語も含めすべて漢語とみるべきであろう。

岸らは、「臣」は漢語でありシンと音読すべきであるとしながらも、それは謙称として用いられたものかもしれないとした。しかし、単なる謙称であったならば、「臣乎獲居」というように「臣」が先に記されなければならない。銘文の「臣」は、大王に仕えることを示す称号として用いられているとみるのが妥当であろう。つまり、この「臣」はオミと読むべきではなく、カバネとみることはできないが、のちのカバネに通ずる性格の称号であったと考えられるのである。

また、銘文はすべて現在形で読むべきであり、「辛亥年七月中」は銘文が刻まれた時であると同時に、ヲワケの臣がワカタケル大王のシキ宮に杖刀人の首として「奉事」し、天下を佐治した時でもあった。

作刀の主体

銘文の主人公（作刀の主体）はヲワケであり、ヲワケは「奉事」の「根原」（根源）として上祖オホヒコから自身に至る八代の系譜を掲げている。この点も大王とヲワケの関係を考えるうえで重要である。この系譜について、溝口睦子は八、九世紀の文献に収載された氏族系譜（本系）と基本的に共通する性格を持つとして、およそ次のように述べている（溝口睦子『日本古代氏族系譜の成立』、同「系譜論からみた稲荷山古墳出土鉄剣銘文」など）。

銘文の系譜

系譜は、上祖オホヒコから五代タサキワケまでの伝説的部分と、六代ハテヒから八代ヲワケまでの現実的部分からなる。オホヒコを始祖と称したのはヲワケだけではなく、のちの阿倍氏らの人々も称したのであり（オホヒコは記紀にいう孝元《こうげん》天皇の皇子で四道将軍の一人とされる「大毘古《おおひこ》命《のみこと》」「大彦《おおひこ》命」に相当し、孝元紀七年二月丁卯条には「大彦命は、是阿倍臣《あべのおみ》・膳《かしわで》臣・阿閉《あへ》臣・狭々城山君《ささきやまのきみ》・筑紫国造《つくしのくにのみやつこ》・越《こし》国造・伊賀《いが》臣、凡《すべ》て七族の始祖なり」とみえる）、系譜の伝説的部分は、複数の氏（ウヂ）が先祖を共有する「同祖構造」を持っていたと考えられる。それは、ヲワケが勝手に作成できたようなものではなく、王権によって公認されたウヂの政治的位置づけや所属を示す制度であった。

ハテヒ以下の現実的部分は、ヲワケの属した集団（ヲワケの一族）の族長位の継承次第と考えられ、ヲワケ（およびその一族）は、その現実的部分が伝説的部分に接続されることにより、大王のもとでの公的地位が認められたのである。

妥当な見解というべきであろう。そして、公的地位を示す系譜を称することと「臣」の称号を持つこととは、対応するものと考えられる。銘文には氏（ウヂ）名はみえないが、ヲワケの一族は実質的にはウヂとしての性格を持っていたとみてよいであろう。

ヲワケと礫槨の被葬者

ところで、ヲワケと銘文入りの鉄剣を出土した稲荷山古墳礫槨の被葬者との関係については、次の三通りの見方が示されている。

① ヲワケは礫槨の被葬者と同一人物であり、埼玉地方の豪族である。

② ヲワケは中央の有力豪族であり、礫槨の被葬者はヲワケの配下の杖刀人であった。

③ ヲワケは中央の豪族であるが、地方に派遣されて死去し、礫槨に埋葬された。

このうち①の見方がまずは自然な解釈といえようが、ヲワケは杖刀人の首として天下を佐治したというのであるから、そこに多少の誇張はあったにせよ、②のような見方が示されるのも当然ではある。しかしその場合は、ヲワケが礫槨の被葬者に銘文入りの鉄剣を手渡したとみなければならず、はたして自己を顕彰した貴重な鉄剣を他人に手渡すというようなことが行われるであろうかという疑問が生ずる。そこで③の見方が示されるのであるが、礫槨の被葬者は稲荷山古墳の主たる被葬者ではない可能性が高く、③の見方も不自然であるといわなければならない。

古墳の主たる被葬者

稲荷山古墳の造営と礫槨との関係については、墳丘の造出《つくりだし》部から出土した須恵器《すえき》よりも新しい時期の遺物が礫槨から出土していること、礫槨が墳頂部の中心から外れた位置に営まれていることなどから、礫槨の被葬者はこの古墳の主たる被葬者ではないとの指摘がなされている（白石太一郎「有銘刀剣の考古学的検討」）。また、地下レーダー探査、電磁波探査機による調査により、稲荷山古墳の後円部には礫槨や粘土槨の下にさらに中心となる埋葬施設の存在する可能性が高くなったことも指摘されている（小川良祐「埼玉稲荷山古墳の新情報」）。

やはり①の見方を妥当とするべきであろう。そしてそうであったならば、ヲワケについて次のような推測が可能である。

ヲワケの生涯

ヲワケは若くして中央に出仕し、杖刀人の首として大王に仕え、オホヒコを祖とする系譜と「臣」の称号を認められた。そのことにより、ヲワケおよびその一族は王権のもとでの公的地位（実質的なウヂとしての地位）を得た。そしてヲワケは、ワカタケル大王の天下を佐治するという認識を持ち、自己を顕彰する銘文入りの鉄剣を中央の工房で作製した。やがてヲワケは、その鉄剣を持って郷里に帰り、その後は族長の地位を継承することなく死去し、前代の族長（稲荷山古墳の主たる被葬者）の墳墓に礫槨を造って埋葬された。銘文入りの鉄剣はその際に副葬品として納められた。

なお、ヲワケの死後もオホヒコを始祖とする系譜と「臣」の称号は、一族の人々によって継承されていったとみてよいであろう。

江田船山古墳

次に、江田船山古墳出土大刀銘についてであるが、江田船山古墳は熊本県北部を流れる菊池川《きくちがわ》中流域北岸（和水町《なごみちょう》）の清原《せいばる》古墳群中の一基であり、盾形の周濠を有する墳丘全長約六二メートルの前方後円墳である。埋葬施設は後円部に設置された横口式家形石《よこぐちしきいえがたせっ》棺《かん》であり、銘文入りの大刀は、この石棺から多くの武具・馬具・装身具類などの副葬品とともに発見された。

銘文の釈文

銘文は大刀の棟（刀のみね）の部分に刻まれた七十五文字からなり、次のように読むことができる（東京国立博物館編『江田船山古墳出土国宝銀象嵌銘大刀』）。

台〔治〕天下獲□□□鹵大王世、奉事典曹人名无□〔利カ〕弖、八月中、用大鉄釜、并四尺廷刀、八十練、□〔九カ〕十振、三寸上好□〔刊カ〕刀、服此刀者、長寿、子孫洋々、得□恩也、不失其所統、作刀者名伊太□〔和カ〕、書者張安也。

右の銘文の「獲□□□鹵大王」は稲荷山古墳鉄剣銘の「獲加多支鹵大王」と対応し、ワカタケル大王と読んで間違いないであろう。両者の銘文にはほかにも「治天下」「奉事」という同一の語がみえ、「杖刀人」と「典曹人《てんそうじん》」、「七月中」と「八月中」、「百錬」と「八十練」など共通した表現も多い。

作刀の主体

この銘文入りの大刀については、大王から「无□弖」（ムリテ）に下賜されたとする説もあるが、稲荷山古墳出土の鉄剣と同様、ムリテが作刀の主体であり、銘文の主人公もムリテであるとみてよいであろう。またムリテは、銘文の後半において自らの統治の安

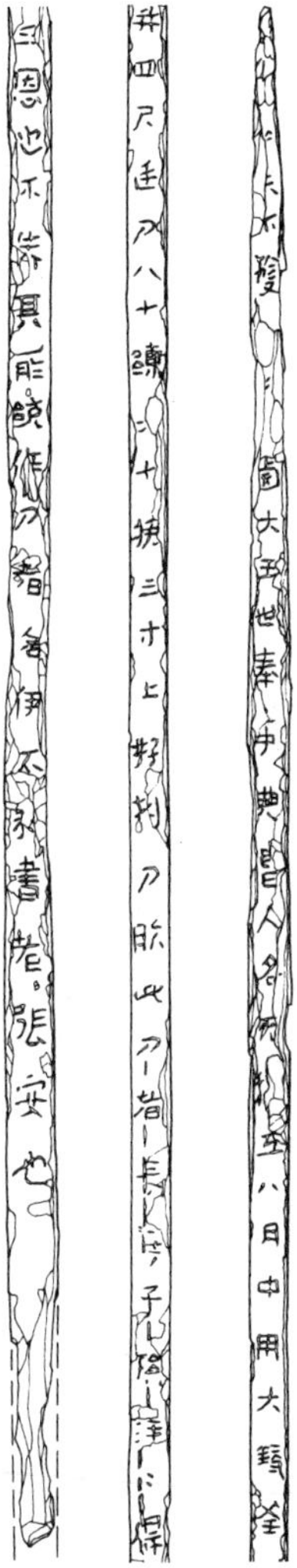

江田船山古墳出土大刀銘の見取図

泰を願っているのであり、銘文の主旨はむしろこの点にあるといってよい。ムリテは菊池川中流域を本拠とする豪族であり、江田船山古墳の被葬者と同一人物と考えるのが妥当であろう。この点もヲワケと稲荷山古墳礫槨の被葬者の関係と同様である。

ムリテは中央に出仕し、「典曹人」としてワカタケル大王に仕え、その際中央の工房で自らの統治の安泰を願った銘文入りの大刀を作製し、やがて郷里に帰り、死後その銘文入り大刀とともに江田船山古墳の横口式家形石棺に埋葬されたと考えられる。

ヲワケとムリテ

一方、二つの銘文には注意すべき違いも存在する。ヲワケに「臣」が付されるのに対してムリテにそれがないこと、およびヲワケが「奉事」の根源としてオホヒコに始まる系譜を掲げるのに対して、ムリテはそれを掲げていないことがそれである。このことは、ヲワケが杖刀人の首であるのに対し、ムリテは単なる典曹人であるということとも関係した違いと考えられるであろう。

つまりムリテは、杖刀人の首であったヲワケに比べて宮廷内における地位が低く、そのため自身の系譜（現実的部分）を伝説的部分に結びつけることが認められず、「臣」の称号も認められなかったということであろう。ムリテもヲワケも大王に「奉事」したのであり、豪族層に属する人物ということでは同じであったが、ワカタケル大王の段階では、大王に「奉事」する人々のすべてが公的系譜を与えられ「臣」を称した（すなわち実質的ウヂとして認定された）のではなかったのである。

四　「杖刀人」「典曹人」と府官制・人制

「杖刀人」「典曹人」と

以上、稲荷山古墳出土鉄剣銘と江田船山古墳出土大刀銘についてみてきたが、両者をあわせて考えるならば、当時は大王に仕える人々を「杖刀人」「典曹人」というように、その「奉事」の内容に従って区別して組織していたことが明らかである。またそこには、杖刀人首―杖刀人というのちの伴《ばん》造《ぞう》制《せい》（トモノミヤツコ―トモの制度）に相当する統属関係も存在していた。

一方先に述べたとおり、ワカタケル大王、すなわち倭王武の時代には、武によって国内に府官が置かれ、国内の有力者に「某将軍」「某郡太守」の称号が仮授されたのである。これらの人々と「杖刀人」「典曹人」あるいは「杖刀人首」との関係は、どのように考えられるのであろうか。

まず「杖刀人」「典曹人」は、ヲワケやムリテの例から考えて、多くは上番した地方豪族出身者であった（そのなかに中央豪族出身者や渡来人が含まれていた可能性を否定するものではないが）とみることができる。したがって一般的には、「某将軍」「某郡太守」などに除授された人々よりは下位の人々であったと考えるのが自然であろう。「杖刀人」「典曹人」は族長その人ではなく、その一族から上番してきた人々とみられるのに対し、「某将軍」「某郡太守」はまさに有力族長その人に対して授けられた称号と考えられる点も、そのように考えてよいことを示している。大王に近侍する府官（渡来系の知識人など）が「某将軍」「某郡太守」を兼ねた場合はこれにあたらないが、府官の兼任が一般的であったとは考え難い。

「杖刀人首」と府官制

これに対し、「杖刀人」を統率する「杖刀人首」であれば、「某将軍」「某郡太守」の一人であった可能性は十分考えられる。ただヲワケは、大王への「奉事」を強調し、大王の臣下であることを示す「臣」を称しているのであり、武（および武を含む倭の五王）が「某将軍」「某郡太守」を仮授した人々のすべてを、このようなすでに倭王に臣従していた人物とみるのは疑問であろう。すなわち、倭王が「某将軍」「某郡太守」を仮授した人物は、まさに臣従させようとして仮授した、という人々が多かったと考えられるのである。府官制の導入により、倭王がその支配権の拡大・強化を図ったとするならば、むしろそのように考える方が自然であろう。

「杖刀人」と「典曹人」の意味

次に、「杖刀人」「典曹人」の組織と人制《ひとせい》との関係について検討したい。

「杖刀人」は「刀を杖つく人」の意であり、一般に推定されているとおり、大王に近侍してその警護にあたる人々を指す語とみてよいであろう。また「典曹人」は、「典」は「つかさどる」という動詞、「曹」は「役所」の意であるから、「役所をつかさどる人」というきわめて漠然とした意味の語となる。「典」の字義からすると、「役所の文書をつかさどる人」の意味となるであろうが、そうであったとしても、特殊な限定された職掌を示す語でないことは明らかである。しかも当時は文書行政が整っていたとは考え難いから、実質的には「役所のさまざまな雑用にあたる人々」を指した語とみるのが妥当であろう。

「杖刀人」と「典曹人」の組織

「杖刀人」「典曹人」の組織は、その名から判断して、のちの部民《べのたみ》《べみん》のような大王に仕える人々をさまざまな職掌に分けた複雑な組織ではなく、未分化な簡素な組織であったと考えられる。いいかえれば、それは大王を支える組織が成立してまもない段階の組織であったということである。また、「典曹人」の「曹」は、具体的には王宮（あるいはそれを構成する建物群）を指すとみてよいであろうから、「典曹人」というのは、大王に近侍しさまざまな雑用にあたった人々（武をもって警護した杖刀人以外）を総称した語ということができる。「杖刀人」「典曹人」は簡素な原初的な組織というだけではなく、大王に直属した小規模な組織であったということも推定されるのである。

一方人制については、かつて直木孝次郎によって、律令制以前の官司制度として存在したとの見解が示された（直木孝次郎「人制の研究」）。昭和三十三年（一九五八）のことである。直木は、律令制以前には、朝廷に仕える人々を、その職掌によって倉人《くらひと》・舎人《とねり》・酒人《さかひと》・宍人《ししひと》など「某人」として組織する人制が存在したとし、それは部民制と併存したが、部民制よりも後出の六世紀代に盛行した制度であったと説いたのである。

しかし、一九七八年に稲荷山古墳出土鉄剣銘が発見されたことにより、「某人」の呼称は五世紀に遡ることが明らかになり、また鉄剣銘に「部」の呼称がみられないことから、部民制の成立は六世紀以降とする見方が有力になった。今日では、人制は部民制に先行し、五世紀後半には成立していたとみるのが一般的である。吉村武彦は、『日本書紀』には「某人」の呼称が雄略紀に集中して現われること、またそこには「典馬《てんま》《うまかい》」（典馬人）、「養鳥人《ようちょうじん》《とりかい》」など漢語表記の「某人」の呼称がみえることに注目し、雄略（ワカタケル大王）の時代には、「杖刀人」「典曹人」に限らない、「〈動詞＋名詞〉人」と漢語で表記されるところの、ある程度分化した職務分掌組織としての人制が存在したとしている（吉村武彦「倭国と大和王権」）。

「杖刀人」・「典曹人」と人制

しかし、直木が掲げた倉人・舎人・酒人・宍人などの人制における「某人」の呼称と、「杖刀人」「典曹人」の呼称は、明らかに異質である。前者は「〈名詞〉人」の倭語表記、後者は「〈動詞＋名詞〉人」の漢語表記という違いがあるだけではなく、前者は細分化された職務を示す語であるのに対し、後者は大まかに区分された職務を示す語である。雄略紀には「某部」の呼称も多くみえるのであり、雄略紀に「典馬」「養鳥人」の呼称がみえるからといって、実際に「典馬人」「養鳥人」と呼ばれた人々がその当時において存在していたということにはならない。

「杖刀人」「典曹人」の組織を人制と呼ぶことはよいとしても、そうすることにより、かつて直木が説いたような人制がすでに雄略朝において存在していたかのように解するのは疑問であろう。

五 「画期としての雄略朝」

稲荷山古墳出土鉄剣銘の発見により雄略朝に対する関心が高まったが、そのようななかで、井上光貞の「雄略朝における王権と東アジア」や岸俊男の「画期としての雄略朝―稲荷山鉄剣銘付考―」が発表された。

井上光貞の見解

井上は、記紀の伝承、倭王武の上表文、稲荷山古墳出土鉄剣銘など関係史料を広く取りあげ、朝鮮半島諸国の動向と関わらせて雄略朝の王権について考察し、それは連合政権から軍事的専制王権へと移行する端緒の段階にあったと説いた。そしてその雄略の軍事力を支えたのが、軍事的伴造《とものみやつこ》の大伴《おおとも》・物部《もののべ》両氏であったとしたのである。

岸俊男の見解

また岸は、『万葉集《まんようしゅう》』の冒頭の歌が雄略御製とされること、『日本霊異記《にほんりょういき》』冒頭の説話が雄略朝の小子部栖軽《ちいさこべのすがる》の物語であること、栖軽の物語は『日本書紀』（雄略紀）にも載るが、雄略紀の水江浦島子《みずのえのうらしまのこ》の話は『丹後国風土記《たんごのくにふどき》』にも、田辺史伯孫《たなべのふひとはくそん》の埴輪《はにわ》の起源の話は『新撰姓氏録《しんせんしょうじろく》』にもみえ、『新撰姓氏録』には、雄略紀に記事がなくとも氏姓の起源を雄略朝にかけた伝承が多くみられること、等々から、当時の人々にとって雄略朝

元嘉暦と儀鳳暦

は画期と認識されていたとし、『日本書紀』の暦法が雄略紀以降は元嘉暦《げんかれき》、それ以前は儀鳳暦《ぎほうれき》であることも、『日本書紀』の編者が雄略朝を画期とする認識を持っていたからであるとした。そしてそのような認識は、実際の歴史過程においても雄略朝が画期であったからこそ形成されたものと考えられるとしたのである。

なお、元嘉暦というのは中国南朝宋の時代に作られた暦で、日本で最初に使われたと考えられる暦である。平成二十三年（二〇一一）に福岡市西区の元岡《もとおか》古墳群G六号墳（七世紀中ごろの築造と推定される直径約十八メートルの円墳《えんぷん》）から、「大歳庚寅正月六日庚寅日時作刀凡十二果□」の銘の刻まれた大刀が発見されたが、ここにいう「大歳庚寅正月六日庚寅」は元嘉暦に基づく干支であり、庚寅年は西暦五七〇年に相当する。この新発見により、六世紀後半にはすでに国内で元嘉暦の用いられていたことが明らかになった。また、儀

元岡古墳群G六号墳出土大刀銘のX線写真（福岡市埋蔵文化財センター所蔵）

鳳暦というのは唐の麟徳《りんとく》二年（六六五）から使用された暦で、日本には儀鳳年間（六七六〜六七八）に新羅を通して伝えられ、儀鳳暦と呼ばれた。持統《じとう》四年（六九〇）に元嘉暦との併用が認められ、文武《もんむ》二年（六九八）からは、天平宝字《てんぴょうほうじ》七年（七六三）に大衍暦《たいえんれき》に変わるまで単独で使用された暦である。

井上・岸の見解は雄略朝を画期とする点で一致しているが、岸の場合は雄略朝を画期とする認識が存在したことを明らかにしたのであり、いかなる点で実際に画期であったかは今後の課題としたのであった。しかし、井上の見解に岸の指摘が重なり、その後、雄略朝を軍事的専制王権成立の画期とする見方は広く承認されていくことになった。

雄略朝の「大連」

井上が右のように述べたのは、大伴室屋《おおとものむろや》・物部目《もののべのめ》が「大連《おおむらじ》」に任命されたとする雄略紀の記事を、基本的には事実を伝えたものと解してのことである。雄略紀（即位前紀）には、「天皇《すめらみこと》、有司《つかさ》に命《みことおお》せて、壇《たかみくら》を泊瀬《はつせ》の朝倉《あさくら》に設けて、即天皇位《あまつひつぎしろしめ》す。遂に宮を定む。平群臣真鳥《へぐりのおみまとり》を以て大臣《おおおみ》とす。大伴連室屋・物部連目を以て大連とす」とあり、これは『日本書紀』に十一ヵ所みえる大臣・大連任命記事の最初である。

井上は、平群臣真鳥の「大臣」任命については疑わしいとしたのであるが、大伴室屋と物部目の「大連」については事実とみてよいとし、その理由として、大伴室屋・物部目の執政官的あるいは軍事指揮官的活躍を伝える雄略紀の記事は、それぞれ大伴氏の家《か》記《き》・物部氏の家記に基づくと考えられるから、という点を掲げたのである。しかし、家記に基づく記事であるからといって、それが事実であるということにはならないのはいうまでもあるまい。

また、今日では雄略朝に「大連」は存在しなかったとみるのが一般的であり、ウヂ名とカバネを持つウヂの成立についても、六世紀以降とみるのがふつうである。この点からも、大伴・物部両氏が雄略朝の軍事力を支えたとする井上の見解は再検討されなければならないであろう。

大伴・物部両氏の前身集団

ただ、「大伴」「物部」のウヂ名は未成立であったとしても、その前身集団は存在したはずであり、「大連」についても、のちの大連に相当する執政官的な地位は雄略朝においても存在していた、とみることは可能である。加藤謙吉は、ウヂ・カバネについての右のような研究動向を踏まえつつも、大伴・物部両氏（それぞれの前身集団）は軍事的トモを率いて宮廷に出仕し、雄略の軍事的専制王権を支えた執政官的存在であったとし、雄略朝はまさにこのような軍事的専制王権の成立期にあたったとしている（加藤謙吉『大和の豪族と渡来人』）。これが今日における通説的理解といってよいであろう。

たしかに、のちの大伴・物部両氏の前身集団が雄略の時代に活躍した可能性は否定できない。大伴金村《かなむら》と物部麁鹿火《あらかひ》が六世紀初頭の継体の即位に大きな役割を果たし、継体朝において執政官的地位にあったことは、のち（第四章の一「大伴氏と物部氏」）に述べるとおり事実と考えられる。したがって、その直前の五世紀末の段階においても、両氏の前身集団が大きな勢力を持っていたとみるのは自然であろう。

軍事的トモの統率者

しかし稲荷山古墳出土鉄剣銘によれば、ワカタケル大王（雄略）の時代、軍事的トモを率いて宮廷に出仕したのは大伴・物部両氏の人物ではなく、地方豪族出身のヲワケであった。また、ヲワケを中央の豪族とする説に従った場合でも、ヲワケはオホヒコを祖としているのであるから、のちの阿倍氏・膳氏などにつながる人物ということになり、大伴・物部両氏につながる人物ではない。

つまり、のちの大伴・物部両氏の前身集団は、ワカタケル大王を支持した集団であった可能性は否定できないが、いまだ大王と「奉事」の関係は結んでいなかったと考えられるのである。ワカタケル大王の時代の「杖刀人」「典曹人」は簡素で小規模な組織であり、大伴・物部氏の前身集団はいまだその組織に組み込まれていなかったとみてよいであろう。ほかにも、大王との間に「奉事」の関係を結んでいなかった有力豪族は多かったと推定されるのであり、雄略の時代はいまだ連合政権的性格を強く残していたと考えられる。

ただし、雄略紀に初めて「大臣」「大連」の任命記事が載せられているということは、『日本書紀』の編者がそのような認識を持っていたからであり、雄略紀にはほかにも各ウヂの「奉事」の起源を雄略の時代に求めた記事が多いことは、岸俊男の述べたとおりである。

雄略朝の歴史的段階

また、雄略紀の記事には、そのままを事実の伝えとはいえないが、ある程度事実と対応するとみられるものも含まれている。雄略が父の允恭の死後、兄の安康の短い治世を受けて即位したとすることは、倭王武の上表文に「奄《にわか》に父兄を喪い」とあることに対応し、雄略が葛城《かつらぎ》の勢力を制圧して即位したとする記事や、吉備《きび》勢力が反乱を企てたとする記事についても、一定の事実を反映したものとみてよいであろう。

そしてその場合、それらの記事は、雄略朝における軍事的専制王権の成立を示すという方向で理解されることが多いのであるが、逆にいえば、雄略朝はいまだ地方の有力豪族も参加した形での連合政権的性格が強かった時代であることを示す、と解することもできるのである。

六　雄略死後の政治過程

雄略死後の記紀の記述

記紀によれば、雄略の死後子の清寧《せいねい》が即位したが、清寧に子がなかったため、播磨《はりま》に隠れ住んでいたオケ・ヲケ二王（のちの仁賢《にんけん》・顕宗《けんそう》）の兄弟が皇位継承者として迎えられ、兄弟譲り合ったのち、弟の顕宗が即位し、顕宗の死後兄の仁賢が即位した。仁賢の死後はその子の武烈が即位したが、武烈にも子がなかったため、応神五世孫の継体が地方から迎えられて即位した、とされるのである。しかし、この間の記紀の記述は物語的要素が多く、そのまま事実の伝えとみることはできない。そこからどのような事実を導き出すことができるか、難しい問題である。

雄略の死の年代

まず雄略の死についてであるが、『古事記』では百二十四歳で崩じたとし、その分注に「己巳の年の八月九日に崩りましき」とある。この己巳年は西暦四八九年に相当すると考えられる。『日本書紀』では雄略二十三年八月丙子（七日）条に崩御記事を載せており、雄略二十三年は四七九年に相当する。記紀の間で十年の違いがあり、どちらが事実を伝えているのか、あるいはいずれも事実ではないのか不明とせざるを得ない。雄略二十三年は干支では「己未」にあたり、「己巳」と「己未」は混同しやすく、いずれかを崩年とする原資料があったということも考えられる。ただその場合も、どちらが原資料にあった干支かは不明であり、原資料の干支が事実を伝えているとも限らない。

清寧の即位と白髪部

雄略の死後は、記紀ともにその子の清寧（『古事記』では「白髪大倭根子《しらかのおおやまとねこ》命」、『日本書紀』では「白髪武広国押稚日本根子《しらかのたけひろくにおしわかやまとねこ》天皇」と表記される）が即位したとし、清寧に子がなかったため、御名《みな》代《しろ》として白髪部《しらかべ》を定めたという記事も共通している。白髪部が実際に置かれていたことは八世紀の人名などから確認できるが、部が設置されるようになるのは六世紀以降のことと考えられ、清寧の時に白髪部が設置されたとする記事を事実とみることはできない。なお、白髪部が存在することから、白髪を名とする王は実在したとする見方もあるが、御名代の名称は必ずしも実在の王名に由来するとは限らない。

星川皇子の反乱伝承

また、『日本書紀』（清寧即位前紀）には吉備の稚媛《わかひめ》とその子の星川皇子《ほしかわのみこ》の反乱伝承を載せており（『古事記』にはこれに相当する記事はみえない）、その内容はおよそ次のとおりである。

雄略二十三年八月、雄略が崩ずると、吉備の稚媛は雄略との間に生まれた我が子の星川皇子に反乱をそそのかした。星川皇子は兄の磐城《いわき》皇子が諫めるのも聞かず、母の言葉に従って反乱を起こし、大蔵官《おおくらのつかさ》を占拠した。ここに雄略の遺詔をうけた大伴大連室屋と東漢直掬《やまとのあやのあたいつか》は、皇太子（清寧）を奉じて兵を発し、大蔵官を包囲して火を放った。星川皇子と稚媛・兄君らは焼け死んだ。この時、星川皇子に加担した河内三野県主小根《かわちのみののあがたぬしおね》は、草香部吉士漢彦《くさかべのきしあやひこ》にすがって大伴室屋に助命を請い許された。小根はその恩に報いて室屋と漢彦に田地を贈った。この月、朝廷の異変を聞いた吉備の上道臣《かみつみちのおみ》らは、星川皇子を救おうと船師四十艘を率いてやってきたが、すでに皇子らの死んだことを聞いて引き返した。清寧は使いを遣わして上道臣らの行為を責め、その領する山部《やまべ》を没収した。

吉備勢力と倭王権

この話は、雄略紀に載せられる吉備の下道臣前津屋《しもつみちのおみさきつや》の不敬の話（七年八月条）や、吉備の上道臣田狭《たさ》の謀反の話（七年是歳条）に続く、吉備勢力の反乱伝承の最後のものである。こうした一連の反乱伝承の背景に、五世紀後半における倭王権と吉備勢力との対立という事実が存在した可能性は高いであろう。また、星川皇子の反乱伝承から、星川皇子が雄略と吉備出身の女性との間に生まれた子であり、雄略の死後に王位継承争いに敗れて討たれた、という程度の事実を導き出すことも可能であろう。

清寧の実在性

しかし、そのことから清寧の実在を主張することはできないのであり、清寧の名に含まれる「ヤマトネコ」（「大倭根子」「稚日本根子」）の呼称は、持統・文武・元明《げんめい》・元正《げんしょう》といった八世紀に亡くなった天皇の和風諡号《わふうしごう》に含まれる呼称である。清寧が歴代の一人に加えられたのは、八世紀以降（記紀編纂の最終段階）のこととみてよいであろう。

オケ・ヲケ二王の発見

次に、オケ・ヲケ二王が皇位継承者として迎えられたという話についてであるが、『古事記』によれば、清寧の死後に皇位の継承者を尋ね求めるため、市辺忍歯別王《いちのべのおしはわけのみこ》の妹の忍海郎女《おしぬみのいらつめ》（またの名を飯豊王《いいどよ》）が葛城の忍海の高木《たかき》の角刺《つのさし》宮に坐《いま》して、山部連《やまべのむらじ》小楯《おだて》を播磨国に派遣し、市辺忍歯別王の子である意祁（オケ）・袁祁（ヲケ）二王を発見し、角刺宮に迎えたとされる。市辺忍歯別王（『日本書紀』では「市辺押磐皇子《いちべのおしは》」）は履中の子であり、雄略即位の際に雄略によって殺害されたと伝えられる人物である。

これに対して『日本書紀』（顕宗即位前紀）では、清寧の在世中に播磨国に派遣された山部連の祖の来目部小楯《くめべのおだて》（『古事記』にいう山部連小楯）により、億計（オケ）・弘計（ヲケ）二王が発見され、清寧の死後、二王が互いに皇位を譲り合って久しく時が過ぎたので、飯豊青皇女《いいよどのあおのひめみこ》（『古事記』にいう忍海郎女）が忍海角刺宮にて「臨朝秉政《りんちょうへいせい》《みかどまつりごと》」し（政治をとり）、その飯豊青皇女の死後にヲケ王（顕宗）が即位したとされる。

飯豊青皇女の執政

飯豊青皇女（忍海郎女）については、『古事記』では履中の娘（市辺忍歯別王の妹）とし、『日本書紀』でもそのように伝える記事（履中紀元年七月条）はあるが、右の顕宗即位前紀ではヲケ王（顕宗）の姉（市辺押磐皇子の娘）としている。また顕宗即位前紀の分注に引く「譜《ふ》第《だい》《かばねついでのふみ》」では、飯豊女王（またの名を忍海部女王）をオケ・ヲケ二王の妹としている。
このように、飯豊青皇女の世系には混乱があり、その名もさまざまに伝えられるが、記紀ともに一時期政治をとったとする点では一致している。『扶《ふ》桑《そう》略《りやっ》記《き》』（平安末期に皇円によって著された歴史書）や『本朝皇胤紹運録《ほんちょうこういんじょううんろく》』（室町時代に後小松《ごこまつ》天皇の命をうけた洞院満季《とういんみつすえ》によって撰進された皇室系図）では、飯豊青皇女を歴代の一人に数えており、飯豊青皇女は実際に大王として即位したとする説もある（水野祐『増訂 日本古代王朝史論序説』）。

オケ・ヲケ二王発見の話の意味

オケ・ヲケ二王の話はきわめて説話的（貴種流離譚《きしゅりゅうりたん》）であり、事実の伝えとみるのは困難である。この話にはさまざまな要素が組み込まれていると考えられるが、継体即位の前段階としてこのような話が載せられたということには、同じく地方から迎えられたとされる継体の正当性を主張する意図があったとみてよいであろう。

オケ王（仁賢）の実在性

ただ、オケ王（仁賢）について、仁賢即位前紀に諱《いみな》（実名）を「大脚《おほし》」といったとあり、その分注に「更《また》の名は、大為《おほす》。自余《それよりほか》の諸《もろもろ》の天皇に、諱字《ただのみな》を言《もう》さず。而《しか》るを此《こ》の天皇に至りて、独自《ひとりみずか》ら書《しる》せることは、旧本《ふるふみ》に拠《よ》れらくのみ」とあることは注意される。これによれば、「旧本」にオホシ（オホス）という名の天皇の存在が記されていたというのであり、二王の話とは別にオホシ大王の実在した可能性が考えられる。

また仁賢は、『日本書紀』によれば、雄略の娘の春日大娘皇女《かすがのおおいらつめのひめみこ》を皇后《こうごう》として手白香《たしらか》皇女や橘《たちばな》皇女（橘 仲《たちばなのなかつ》皇女）らをもうけ、和珥臣日爪《わにのおみひづめ》の娘の糠君娘《あらきみのいらつめ》を妻《おほきさき》として春日山田《かすがのやまだ》皇女をもうけたとし、継体は即位にあたってその手白香皇女を皇后とし、継体の子の安閑《あんかん》は春日山田皇女を、宣化は橘仲皇女をそれぞれ皇后に立てたとするのである。この点は『古事記』においても同様である。のち（第二章の二「即位事情」）に述べるとおり、継体と安閑・宣化の父子にとって、これらの婚姻は前王権を継承する重要な意味を持つものであり、事実とみてよいと考えられる。とするならば、手白香皇女・橘皇女・春日山田皇女らが継体以前の大王の娘であること、いいかえれば仁賢（オホシ大王）は実在した大王である可能性が高いこと、この点も認めてよいということになるであろう（加藤謙吉「応神王朝の衰亡」）。

武烈の即位と平群臣真鳥・鮪父子の謀反

最後に武烈についてであるが、武烈は、『古事記』では「小長谷若雀命《おはつせのわかさざき》」、『日本書紀』では「小泊瀬稚鷦鷯天皇《おはつせのわかさざき》」と表記され、いずれも仁賢と雄略の娘の春日大郎女（春日大娘皇女）との間に生まれた子とされる。

『日本書紀』（武烈即位前紀）には、武烈の即位にあたって、大臣の平群真鳥《へぐりのまとり》とその子の鮪《しび》が謀反を企て、大伴金村によって討たれたとする記事を載せ、そのなかに武烈と鮪との歌垣における争いの話を載せている。『古事記』にはこの謀反の記事はみえないが、歌垣《うたがき》における争いの話は、ヲケ王（顕宗）と平群臣の祖の志毘臣《しびのおみ》（『日本書紀』にいう平群臣鮪）との争いとして載せている。歌垣における争いの話が事実と考えられないことはもとより、平群臣の一族が有力になるのは六世紀後半以降のことと考えられており、真鳥・鮪父子の謀反の伝承も事実とみることはできないであろう。

暴君として描かれた武烈

また、『日本書紀』（武烈紀）には武烈を悪逆非道の天皇とする記事が多い。妊婦の腹を割いて胎児を見た（二年九月条）、人の爪を抜いて芋を掘らせた（三年十月条）、人を樹に登らせてその樹を切り倒した（四年四月条）、同じく人を樹に登らせて弓で射落とした（七年二月条）等々である。『古事記』にはこのような記事はなく、もちろんこれらの記事についても事実の伝えとみることはできない。王朝交替説を唱えた水野祐は、これらの記事は中国の革命思想に基づき、武烈をもって仁徳に始まる王朝が断絶したことを示すものであると説いた。王朝交替はともかくとして、継体の一代前の武烈を暴君として描いたのは、継体の即位を正当化するという『日本書紀』編者の意図によることは認めてよいであろう。武烈の実在そのものについてもきわめて疑わしいといえよう。

武烈紀に載る武寧王即位記事

ただ、武烈紀四年是歳条には百済の武寧王《ぶねい》の即位記事があり、これはその分注に引く「百済新撰《くだらしんせん》」に基づいた記事とみることができる。『三国史記《さんごくしき》』（高麗《こうらい》の金富軾《きんふしょく》によって一一四五年に撰進された、現存する最古の朝鮮の歴史書。高句麗・百済・新羅の三国の歴史を対象としている）によれば、武寧王（斯麻王《しま》）の即位は西暦五〇一年のこととされ、武烈四年（五〇二）とは一年のずれがあるが、いずれにせよこのことは、『日本書紀』編者が、武寧王の即位を継体即位前と認識していたことを示すものとして注意される。

百済三書と『三国史記』

なお、「百済新撰」というのは、「百済記《くだらき》」「百済本記《くだらほんき》」とともに百済三書と総称され、『日本書紀』に引用されることによってのみ伝えられる百済の歴史書である。したがってその成立の過程は明確ではないが、百済滅亡後（白村江《はくそんこう・はくすきのえ》の戦い後）に倭（日本）に亡命してきた百済人が、その持参した史料に基づいて編纂し、日本政府に提出した歴史書とみるのが妥当であろう（坂本太郎「継体紀の史料批判」）。「百済記」は神功《じんぐう》紀・応神紀・雄略紀に、「百済新撰」は雄略紀・武烈紀に、「百済本記」は継体紀・欽明《きんめい》紀にそれぞれ引用されている。

以上、雄略の死後、武烈に至るまでの記紀の記述についてみてきたが、それに基づいて実際の歴史過程を復元することはきわめて困難である。この間、オホシ大王（仁賢）

など何人かの大王（記紀にはみえない大王を含め）は実在したと考えられるが、それ以上のことは不明とせざるを得ない。

雄略死後の混乱

ただ、清寧即位にあたっての星川皇子の反乱、飯豊青皇女の「臨朝秉政」、皇位を継承すべき人物を尋ね求めてのオケ・ヲケ二王の発見、武烈の即位にあたっての平群真鳥・鮪父子の謀反など、王位継承をめぐる争い・混乱の伝えの相次ぐことは注意されてよい。雄略の死後は、雄略の時までに（倭の五王の時代を通じて）強化された王権をめぐっての争いが激しくなった時代と考えられるのであり、事実としても、安定した王位の継承は行われず、混乱した時代であったということができるであろう。継体がその前半生を過ごしたのはこのような時代であった。

第二　継体の生年と出自

一　記紀の伝承

継体の生没年

「はしがき」でも述べたとおり、継体の生年は記紀の間でその伝えに違いがあり、明確にはできない。

『古事記』では、継体の享年《きようねん》を四十三とし、その崩年干支を丁未《ひのとひつじ》と伝えている。干支は六十年ごとに繰り返すが、この場合の丁未年は西暦五二七年にあたると考えるのが妥当である。とすると、継体は四八五年生まれということになる。

一方『日本書紀』では、本文（継体二十五年二月丁未条）と割注に引用された或文《あるふみ》（同年十二月庚子《かのえね》条）とで、崩年に違いがある。本文は継体二十五年（辛亥年）に八十二歳で崩じたとし、或文は継体二十八年（甲寅年）に崩じたとしている。『日本書紀』は編年体で書かれた歴史書であるから、その年代は単純に西暦に置き換えることができる。継体二十五年は西暦五三一年、同二十八年は五三四年に相当する。したがって『日本書紀』の本文によれば、継体は四五〇年生まれということになる。或文には崩じた時の年齢は記されていないが、本文と同様、八十二歳ということであれば四五三年生まれとなる。四五〇年、四五三年は、いずれも『日本書紀』の紀年によれば十九代允恭《いんぎょう》天皇の時代である。

のちに本章の三「継体の婚姻関係」や次章の二「即位事情」で検討するが、継体やその子の安閑《あんかん》・宣化《せんか》天皇の婚姻関係から考えて、即位時の継体が十分な年齢に達していたことは間違いない。また、継体の在位期間が数年間で終わるような短いものでなかったことも間違いないと考えられる。したがって継体の生年については、丁未年に四十三歳で崩じたとする『古事記』の伝え（すなわち四八五年生まれとする伝え）よりも、継体二十五年、あるいは同二十八年に八十二歳で崩じたとする『日本書紀』の伝え（すなわち四五〇年、あるいは四五三年生まれとする伝え）の方が信憑性が高いといってよいであろう。

紀に記す継体のおいたち

次に継体の出自については、記紀ともに応神《おうじん》天皇の五世孫であるとしている。そして、『古事記』は継体の系譜についてそのことを伝えるのみであるが、『日本書紀』には次のような記事が載せられている。

1　継体即位前紀

男大迹天皇《をほとのすめらみこと》更《また》の名は彦《ひこ》太尊《ふとのみこと》。は、誉田《ほむだ》天皇の五世《いつつぎ》の孫《みまご》、彦主人王《ひこうし》の子《みこ》なり。母《いろは》を振媛《ふるひめ》と曰《もう》す。振媛は、活目《いくめ》天皇の七世《ななつぎ》の孫なり。天皇の父《かぞのみこと》、振媛が顔容《かほ》姝妙《きらぎら》しくして、甚だ媺色《うるはしきいろ》有りといふことを聞きて、近江《あふみ》国の高島郡《たかしまのこおり》の三尾《みを》の別業《なりどころ》より、使を遣して、三国《みくに》の坂中井《さかなゐ》中、此《これ》をば那《な》と云《い》ふ。に聘《むか》へて、納《めしい》れて妃《みめ》としたまふ。遂に天皇を産む。天皇幼年《みとしわか》くして、父《かぞ》の王《おほきみ》薨《う》せましぬ。振媛廼《すなは》ち嘆きて曰《い》はく、「妾《やつこ》、今遠く桑梓《もとつくに》を離れたり。安《いづくに》ぞ能《よ》く膝養《ひたしまつ》ること得む。余《やつこ》、高向《たかむこ》に帰寧《おやとぶら》ひがてらに、高向は、越前《こしのみちのくち》国の邑《さと》の名なり。天皇を奉養《ひだしたてまつ》らむ」といふ。天皇、壮大《おとこさかり》にして、士《ひと》を愛《め》で賢《さかしき》を礼《ゐやま》ひたまひて、意豁如《みこころゆたか》にまします。……

母の振媛による養育

これによれば、継体は誉田天皇（応神）の五世孫というだけでなく、父は彦主人王、母は活目天皇（垂仁《すいにん》）の七世孫の振媛であるとしている。そして、父の彦主人王は母の振媛を越前から近江に迎えて妃とし、そこで継体が生まれたが、彦主人王は継体が幼い時に死去してしまったので、振媛は越前に帰って継体を育てたというのである。この文章は漢文的修飾が著しいが、だからといって、ただちにその内容まで『日本書紀』（継体即位前紀）編者の創作であるということにはならない。

応神五世孫

まず応神五世孫という伝えであるが、これについては、継体は実際にはそれ以前の大王たちと血縁関係はなかったが、万世一系とする記紀の皇統観に基づいてそのように記されたに過ぎない、とする見方が一般的である。右の記事にも継体の父の名はあげられているが、五世代すべての名が記されているのではない。『日本書紀』が養老《ようろう》四年（七二〇）に撰上された際には、別に系図一巻が添えられたのであるから（『続日本紀《しょくにほんぎ》』養老四年五月癸酉《みずのととり》条）、その系図に五世代の名が記されていた可能性は考えられる。しかしその系図は今日に伝わっておらず、その内容はもとより、形態についても不明である。

記紀によれば、応神は十五代天皇、垂仁は十一代天皇とされ、系譜的にも応神は垂仁の四世代下の人物とされる。したがって継体の父の彦主人王は、垂仁から数えると八世孫となり、母の振媛より一世代下の人物ということになる。父が母よりも一世代下というのは不自然といえるかもしれないが、不自然であるということは、逆にその伝えが継体紀を叙述する際に初めて作られたものではないことを示す、という見方もできるであろう。

紀の伝承の信憑性

また右の文章では、地名表記も「近江国の高島郡の三尾の別業」というように、『日本書紀』編纂段階の国郡制によった表記になっている。しかしこれも「のちの近江国高島郡内の三尾の地にあった別業」と解すればよく、架空の地名であることを示すものではない。「坂中井」という独自の表記や、「坂中井」の「中」について「此をば那と云ふ」という分注が付されていること、「高向」にも「越前国の邑の名なり」との分注があることなどからすれば、継体即位前紀を叙述する際にはすでにこのような伝えが存在していたとみる方が自然であろう。

『上宮記』

そして右の文章の内容と同じ記事は、『釈日本紀《しゃくにほんぎ》』（鎌倉時代後期、卜部兼方《うらべかねかた》によって著された『日本書紀』の注釈書）に引用された『上宮記《じょうぐうき》』にも「一云」としてみえている。しかもそこにおいては、応神から継体に至るすべての世代の人名を記した詳しい系譜（文章系譜）が記されているのである。

『上宮記』という書物は、それ自体は今日に伝えられておらず、一部が『釈日本紀』などに引用されて残されているに過ぎない。したがって、その書物としての性格は不明であるが、「上宮」すなわち聖徳太子《しょうとくたいし》を中心に描いた歴史書か、あるいは聖徳太子に仮託して作られたところの、『日本書紀』と同様の内容の歴史書ではないかと推定されている。

二　『上宮記』「一云」の継体系譜

『上宮記』「一云」に記すおいたち

『釈日本紀』（巻十三、述義九、継体天皇条）に引用された『上宮記』「一云」には、継体の父母の系譜と継体の出生・おいたちについての記事が載せられている。まずは出生・おいたちを述べたその後半部分についてであるが、その内容はおよそ次のとおりである。

　継体の父の汙斯王《うし》（継体即位前紀にいう彦主人王）は、弥乎国《みを》の高島宮（近江国の高島郡の三尾の別業）にいた時に、母の布利比弥命《ふりひめ》（振媛）が大変美人であると聞き、三国の坂《さか》井《い》県（三国の坂中井）に人を遣わして迎え入れ、娶って生まれたのが乎富等《おほと》大公王（継体）である。汙斯王の死後、母の布利比弥命は「親族のいない国では継体を育てることはできない」といって、継体を連れて三国に帰り、多加牟久《たかむく》村（高向）に住まわせた。

おいたち記事の信憑性

　これは、先に引用した継体即位前紀の記事と、文章表現や人名・地名表記に違いはあるものの、内容的にはまったく同じである。この記事が継体即位前紀に基づいて書かれたのか、あるいは逆に継体即位前紀の編者が「一云」の伝えに基づいたのか、さらには両者のもとになる伝えが別に存在したのか、両者の記事を比較検討してもこの点を明らかにするのは困難である。

また、いずれであったとしても、その記事内容の信憑性をいかに評価するかという問題は別に存在する。この点も明確にはできないが、ある程度の具体性を持ったこれらの伝えを、まったくの作り話として無視してしまうことはできないであろう。記事内容の大筋は事実とみてよいと考えられるが、この点については後述する。

『上宮記』「一云」の継体系譜

次に『上宮記』「一云」の前半部分（継体の父母の系譜を述べた部分）であるが、それは文章構成上いくつかの段落に分けることができる。以下に符号を付して引用しておく。

2(イ)凡牟都和希《ほむつわけ》王娶二洷俣那加都比古《くいまたなかつひこ》女子、名弟比売麻和加《おとひめまわか》一生児、若野毛二俣《わかのけふたまた》王、娶二母々思己麻和加中比売《ももしきまわかなかつひめ》一生児、大郎子《おおいらつこ》、一名、意富々等《おほほと》王、妹践坂大中比弥《おしさかのおおなかつひめ》王、弟田宮中比弥《たみやなかつひめ》、弟布遅波良己等布斯郎女《ふじわらのことふしのいらつめ》、四人也。

(ロ)此意富々等王娶二中斯知《なかしち》命一生児、乎非《をひ》王、娶二牟義都国造《むぎつのくにのみやつこ》、名伊自牟良《いじむら》君女子、名久留比売《くるひめ》命一生児、汙斯王、

娶下

3 (ハ)伊《い》久《く》牟《む》尼《に》利《り》比《ひ》古《こ》大王児、伊《い》波《は》都《つ》久《く》和《わ》希《け》児、伊《い》波《は》智《ち》和《わ》希《け》児、伊《い》波《は》己《こ》里《り》和《わ》気《け》児、
麻《ま》和《わ》加《か》介《け》児、阿《あ》加《か》波《は》智《ち》君児、乎《を》波《は》智《ち》君、
(ニ)娶二余《よ》奴《ぬ》臣《のおみ》祖、名阿《あ》那《な》爾《に》比《ひ》弥《め》一生児、都《つ》奴《ぬ》牟《む》斯《し》君妹、布利比弥命上
也。

父の系譜と母の系譜

この系譜（文章系譜）は、2の部分が継体の父の汙斯王（彦主人王）の系譜、3の部分が母の布利比弥命（振媛）の系譜であり、その二つが「娶」で結ばれるという構成になっている。2・3それぞれの部分を図化すると次頁の図のようになる。

これによれば、たしかに継体は凡牟都和希王（応神）の五世孫であり、母の振媛は伊久牟尼利比古大王（垂仁）の七世孫である。そしてこの系譜については、仮名遣いや文体が古い形態を示していることから、記紀以前に成立していたとみるのが一般的である。しかしこの系譜は、右に引用したとおりいくつかの部分から構成されているのであり、それぞれの部分は記紀以前からの古い系譜であったとしても、それらが結びつけられて「一云」の系譜全体が成立した時期は、必ずしも記紀以前ということにはならない。

汙斯王の系譜

まず2の汙斯王の系譜であるが、これは「四人也」までの前半部分（イ）と、それ以降の後半部分（ロ）に分けることができる。イは『古事記』の応神天皇段（応神記。以下、

継体の父、彦主人王（汙斯王）の系譜

洼俣那加都比古 ― 弟比売麻和加

凡牟都和希王 ＝ 弟比売麻和加
　― 若野毛二俣王

若野毛二俣王 ＝ 母々思己麻和加中比売
　― 大郎子（一名、意富々等王）
　― 践坂大中比弥王
　― 田宮中比弥
　― 布遅波良己等布斯郎女

大郎子 ＝ 中斯知命
　― 乎非王

伊自牟良君（牟義都国造） ― 久留比売命

乎非王 ＝ 久留比売命
　― 汙斯王

継体の母、振媛（布利比弥命）の系譜

伊久牟尼利比古大王 ― 伊波都久和希 ― 伊波智和希 ― 伊波己里和気 ― 麻和加介 ― 阿加波智君 ― 乎波智君

乎波智君 ＝ 阿那爾比弥（余奴臣祖）
　― 都奴牟斯君
　― 布利比弥命

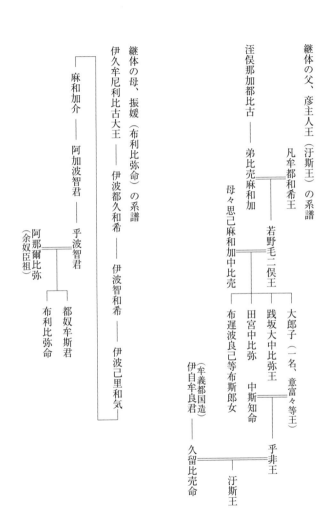

応神記の系譜

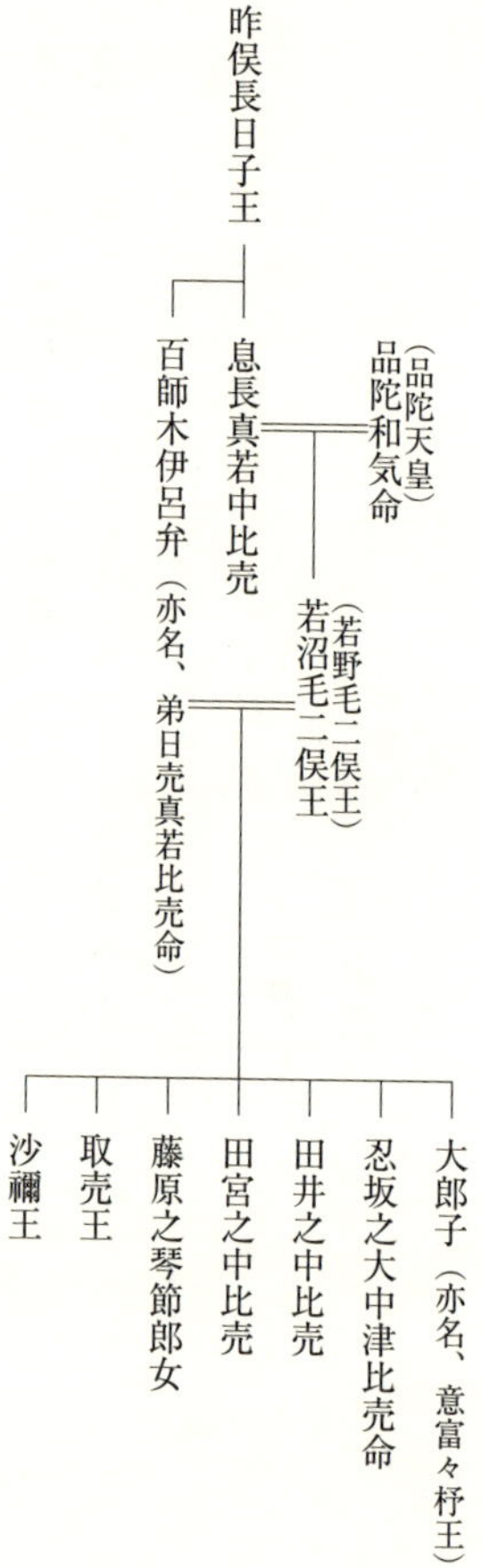

「天寿国繡帳銘」と山上碑

『古事記』の○○天皇段を「○○記」と略記する）に対応した系譜記事がみえるが、ロは「一云」にのみ伝えられる系譜である。

イ・ロとも「A娶B生児C」という書き方をしており、このような書き方の系譜は、ほかに「天寿国繡帳銘《てんじゅこくしゅうちょうめい》」や群馬県高崎《たかさき》市山名《やまな》町所在の山上碑《やまのうえひ》にもみえている。

天寿国繡帳そのものは、今日中宮寺《ちゅうぐうじ》（奈良県生駒《いこま》郡斑鳩《いかるが》町）に断片が伝えられるのみであるが、その銘文は平安時代に編集された聖徳太子の伝記集である『上宮聖徳法王帝《じょうぐうしょうとくほうおうてい》説《せつ》』に引用されている。それによれば、この繡帳は聖徳太子の死後、妃の多至波奈大女《たちばなおおいら》郎《つめ》が太子の往生した天寿国の様子を知りたいとして、推古《すいこ》天皇にお願いし作製したものであるという。「天寿国繡帳銘」の書かれた年代は明確ではないが、山上碑はその銘文から「辛巳年」（天武《てんむ》十年〈六八一〉）に記されたことが明らかである。したがって「A娶B生児C」という書き方は、個人の出自をいう場合の古い表現とみることができる。系譜の様式を検討した義江明子は、このような書き方は七世紀末をもってみられなくなるとしている（義江明子『日本古代系譜様式論』）。

汙斯王の系譜の史料性

2の汙斯王の系譜が記紀以前から伝えられていた可能性は高いといえよう。ただこのことは、2部分全体が記紀以前からの伝えであることを示すものではない。とくにイ部分とロ部分は、大郎子の一名が意富々等王であるということによって結ばれているのであり、これが結ばれたのは応神記の段階であるという可能性は十分に考えられる。

布利比弥命の系譜

次に3の布利比弥命（振媛）の系譜であるが、これも2のロと同様、ほかに伝えのない独自の系譜である。

まず注意されるのは、前半のハ部分は「A児B児C……」という形式で書かれている点である。これは前章の三「稲荷山古墳出土鉄剣銘と江田船山古墳出土大刀銘」で取りあげた鉄剣銘《てつけんめい》の系譜と同じであり、五世紀後半に遡る古い形式ということができる。後半の二部分は「A娶B生児C」の形式であり、これも右に述べたとおり、七世紀代に遡る古いものである。したがって3の系譜についても、記紀以前から伝えられていた可能性は高いといえよう。

布利比弥命の系譜の史料性

ただこの場合も、3部分全体が記紀以前からの伝えとは断言できない。たとえば、布利比弥命はのちに都奴牟斯君の妹としてこの系譜に組み込まれた、ということも考えられなくはないであろう。

『上宮記』「一云」系譜の史料性

この問題を考えるうえで参考になるのは、『古事記』に継体の母についての記述がみえないことである。このことは、記紀の共通の原資料となった「帝紀《ていき》」にその記載がなかったことを推定させるものであり、もしそうであったならば、継体の母を垂仁七世孫の振媛とする記述は『日本書紀』（継体即位前紀）において初めて作成されたということになる。そしてそれを具体的に説明するために、さらにあとから3の系譜に布利比弥命（振媛）が加えられた、という可能性も否定できないのである。

しかし、先に述べたとおり、継体の出生・おいたちについての継体即位前紀の記述は、『日本書紀』編者によって初めて作成されたものとみるよりは、すでに存在していた伝えに基づくものとみる方が自然である。とするならば、記紀の共通の原資料となった

「帝紀」には、継体の母についての記述はなかったが、継体即位前紀の編者はそれとは別の伝えに基づき、継体の出生・おいたちについて叙述したということになる。その場合、『上宮記』「一云」がそのもとになった伝えであるという可能性も否定できない。

要するに、『上宮記』「一云」の系譜記事は、部分的には古い形式に基づいて書かれた系譜であり、記紀以前から存在したと考えられるが、全体の成立、すなわち継体が応神五世孫であり、母の振媛が垂仁七世孫であるとする点は、『日本書紀』より先か後か明確にはできないということである。

「一云」系譜の成立時期

また、たとえこの系譜全体が記紀以前から存在していたとしても、それは継体の即位時において、すでにそのような内容の系譜が成立していたことを示すものではない。2の汙斯王の系譜には「牟義都国造」(のちの美濃《みの》国武義《むぎ》郡地域の国造《こくぞう》《くにのみやつこ》)の名がみえ、3の布利比弥命の系譜には「余奴臣」(江沼《えぬま》臣と同じ。のちの越前国江沼郡地域を本拠とした氏族)の名がみえるが、これらのことからすれば、それぞれの系譜は国造制・氏姓制《しせいせい》《うじかばねせい》の成立後の系譜とみなければならない。のちに述べるとおり(第四章「継体朝の内政」参照)、国造制・氏姓制が成立するのは継体即位後のことと考えられる。

以上、『上宮記』「一云」系譜の史料性についてみてきたが、次にその内容について検討したい。

応神記の意富々杼王

まず2の系譜であるが、継体の曾祖父とされる意富々等王は、応神記では意富々杼《おほほと》王と表記され、その分注に「三国君、波多《はた》君、息長坂《おきながさか》君、酒人君、山道《やまじ》君、筑紫《つくし》の末多《めた》君、布勢《ふせ》君等の祖なり」と記されている。なお、ここにいう「息長坂君」にはおそらく誤脱があり、本来は「息長君、坂田《さかた》君」とあったものと推定される（日本思想大系本『古事記』補注参照）。

三国君氏

三国君（公）氏は、継体紀元年三月癸酉条によれば、継体と三尾君堅楲《かたひ》の娘の倭媛《やまとひめ》との間に生まれた椀子《まろこ》皇子を祖とするとあり、天武十三年（六八四）に真人《まひと》の姓（カバネ）を賜り、『新撰姓氏録』には左京皇別《さきょうこうべつ》・右京《うきょう》皇別・山城《やましろ》皇別に三国真人がみえ、いずれも継体の子の椀子王の後裔《こうえい》であるとしている。三国君（公）氏は、のちの越前国坂井郡の三国を本拠とした氏族と考えられるが、この地は、先にみた継体即位前紀や『上宮記』「一云」によれば継体の母の振媛の出身地である。

波多君氏

波多君（羽田公）氏は、天武十三年に真人のカバネを賜り、『新撰姓氏録』左京皇別に八田真人がみえ、応神の皇子の稚野《わかの》毛《け》二俣《ふたまた》王を祖とするとある。波多（羽田）はのちの近江国栗太《くりた》郡の羽田に相当する地名であり、波多君氏はこの地域を本拠とした氏族と考えられる。

息長君氏

息長君（公）氏は、のちの近江国坂田郡の息長の地を本拠としたと考えられる氏族であり、天武十三年に真人のカバネを賜り、『新撰姓氏録』左京皇別に息長真人がみえ、稚渟《ぬ(の)》毛二俣王の後裔とある。息長君（公）氏の人物として実在が確かな最初の人物は、皇極《こうぎょく》紀元年（六四二）十二月条に舒明《じょめい》の殯宮《もがりのみや》において日嗣《ひつぎ》を誄《しのびごと》したとある息長山田公《おきながのやまだのきみ》であろう。ただ開化《かいか》記には、開化の皇子の日子坐《ひこいます》王の後裔として息長宿禰《すくね》王やその子の息長帯《たらし》比売《ひめ》命（神功《じんぐう》皇后。十四代仲哀《ちゅうあい》天皇の皇后）の名がみえ、応神記には応神妃（若野毛二俣王の母）として息長真《ま》若中《わかなかつ》比売《ひめ》（『上宮記』「一云」にいう弟比売麻和加）の名がみえる。また継体紀元年三月癸酉条によれば、継体妃の一人である麻績《おみ》娘子（麻組《おみ》郎女）は息長真手《まて》王の娘とされ、敏達紀によれば、敏達の最初の皇后の広姫《ひろひめ》（広姫の死後、のちの推古が敏達の皇后に立てられたという）も息長真手王の娘とされる。これらのことから、息長の一族を古くから多くの后妃《こうひ》を出した有力な一族であったとし、継体の出自をこの一族に求める説もある（岡田精司「継体天皇の出自とその背景」）。しかし、これらの「息長」を名に含む王族を実在の人物とみるのは困難であろう。

坂田君氏

坂田君（公）氏は、継体紀元年三月癸酉条によれば、継体と根《ね》王の娘の広媛《ひろひめ》との間に生まれた中《なかつ》皇子を祖とするとある。天武十三年に真人のカバネを賜り、『新撰姓氏録』右京皇別に坂田真人がみえ、継体の皇子の仲《なかつ》王（中皇子）の後裔とされる。坂田はのちの近江国坂田郡に相当する地名であり、坂田君氏はこの地域を本拠とした氏族と考えられる。

酒人君氏

酒人君（公）氏は、継体紀元年三月癸酉条によれば、継体と根王の娘の広媛との間に生まれた菟《うさぎ》皇子（中皇子の同母兄）を祖とするとある。天武十三年に真人のカバネを賜り、『新撰姓氏録』大和《やまと》国皇別に酒人真人がみえ、継体の皇子の菟王の後裔とされる。また坂田酒人をウヂ名とする同系の氏族もあり、『新撰姓氏録』左京皇別に坂田酒人真人を載せ、息長真人と同祖であるとしている。坂田は右にみたとおり、のちの近江国坂田郡に相当する地名であり、酒人君氏もこの地域を本拠とした氏族とみてよいであろう。

山道君氏

山道君氏は、天武十三年に真人のカバネを賜り、『新撰姓氏録』には左京皇別・右京皇別に山道真人を載せ、息長真人と同祖で稚渟毛二俣王の後裔であるとされる。天平《てんぴょう》神護《じんご》二年（七六六）十月二十一日付「越前国司解《こくしげ》」に、足羽《あすは》郡の安味《あみ》郷戸主として山道竹麿《たけまろ》の名がみえることからすると、山道君氏はこの付近を本拠とした氏族と推測することができる。

末多君氏

筑紫の末多君氏は、のちの肥前《ひぜん》国三根《みね》郡米多《めた》郷の地域を本拠とした氏族と考えられる。『先代旧事本紀《せんだいくじほんぎ》』（平安時代初期に物部氏系の人物によってまとめられたと推定される歴史書）の巻十「国造本紀《こくぞうほんぎ》」には筑志米多《つくしのめた》国造を載せ、成務《せいむ》天皇の時代に息長公氏と同祖である稚沼《ぬ(の)》毛二俣命の孫の都紀女加《つきめか》を国造に定めたとある。

布勢君氏

布勢君氏は、ほかにその系譜を知る史料は残されていないが、のちの近江国伊香《いかご》《いか》郡の布勢の地域を本拠とした氏族と推定される。

意富々杼王の後裔氏族

このように、応神記において意富々杼王を祖とする氏族は、八氏族のうちの五氏族が近江を本拠地、二氏族が越前を本拠地としたと考えられる氏族である。このことは、継体即位前紀や『上宮記』「一云」にいう継体のおいたちとまさしく対応するのであり、その記事内容の信憑性を間接的に裏づけるものといってよいであろう。

ウヂ名とカバネを有する氏族（ウヂ）が成立するのは継体即位後のことと考えられるが、その前身集団が即位以前の継体の一族と実際に同族関係にあったということはあり得ることである。

しかし、右にみた意富々杼王を祖とする氏族のすべてが実際に同族関係にあったということは考え難い。たとえば、三国君氏・坂田君氏・酒人君氏は、継体紀によれば継体の皇子を祖とするというのであり、継体即位後に成立した氏族である。応神記の分注はその祖を意富々杼王まで遡らせているに過ぎない。これら三氏を除いた波多君・息長君・山道君・筑紫の末多君・布勢君氏のなかに、その前身集団が実際に即位以前の継体と同族関係にあった一族の含まれている可能性は考えられる。しかし多くは、継体即位後に継体と同系の系譜を認められた氏族とみる方が妥当であろう。ただその場合も、そのような系譜が認められたということは、それらの一族が実際に継体との間に何らかの関係を有していたからとみることはできる。

記にいう応神五世孫の系譜認識

また、三国君・坂田君・酒人君氏が応神記において意富々杼王の後裔とされていることは、別の意味においても注意される。すなわち『古事記』においては、継体の系譜について、直接には武烈《ぶれつ》記に応神五世孫と記すのみであるが、応神記の意富々杼王の分注に右のようにあることは、『古事記』においても意富々杼王を継体の祖先とする認識の存在していたことを示しているからである。

意富々杼王は、応神記の若野毛二俣王系譜においても若野毛二俣王の子の大郎子のまたの名とされるのであり、継体を応神五世孫とする『古事記』の系譜認識は『上宮記』「一云」のそれとまさしく一致している。ただこのことは、必ずしも実際に意富々杼（等）

王が継体の祖先（曾祖父）であったということを示すものではない。たしかに意富々杼（等）＝オホホトと、継体の名である袁本杼・男大迹・乎富等＝ヲホトとは対応した名であり、両者を同じ一族の人物とする系譜は自然なものといえよう。しかし、ヲホトの名から逆にオホホトを名とする人物がその祖先として作成された（あるいは祖先として位置づけられた）、ということも考えられる。繰り返しになるが、意富々杼王を継体の祖とするのはあくまで系譜上のことに過ぎないのである。

汙斯王系譜からうかがえる事実

2の系譜において事実に基づく可能性が考えられるのは、稲荷山古墳出土の鉄剣銘系譜に照らして考えるならば、鉄剣銘系譜における現実的部分（ハテヒ—カサヒヨ—ヲワケ）に相当する乎非王—汙斯王—乎富等王の部分であろう。汙斯王が乎非王と久留比売命の間の子であるということも、事実に基づく可能性は考えられる。ただ、久留比売命を「牟義都国造、名は伊自牟良君の女子」とする以上、2の系譜自体は、先に述べたとおり国造制施行後のものであり、継体即位時にすでに存在していたとみることはできない。また、乎非王・汙斯王に「王」号が付されているのも、実際に王族であったことを示すものとは限らない。それはあくまで2の系譜上においてのことである。

布利比弥命系譜の内容

次に3の布利比弥命（振媛）の系譜についてであるが、伊久牟尼利比古大王（垂仁）の児とある伊波都久和希は、記紀においても垂仁の子としてその名がみえる。『古事記』（垂仁記）では「石衝別王《いわつくわけ》」と表記され、その分注に「羽咋君《はくい》、三尾君の祖」とあり、『日本書紀』（垂仁紀）では「磐衝別命《いわつくわけ》」と表記され、「三尾君の始祖なり」とある。また、「国造本紀」の羽咋国造条にも「羽咋国造。泊瀬朝倉朝御世《はつせのあさくら》、三尾君の祖、石撞別命《いわつくわけ》の児、石城別王《いわきわけ》を国造に定め賜ふ」とあり、ここでは「石撞別命」と表記されている。「国造本紀」に石撞別王の子とある石城別王は、3の系譜の伊波智和希（伊波都久和希の児）に相当し、この伊波智和希（石城別王）は、景行《けいこう》紀四年二月甲子《きのえね》条にも「三尾氏の磐城《いわき》別《わけ》」としてその名がみえる。すなわち3の系譜は、三尾君氏か羽咋君氏、あるいはそれらの氏と同祖関係にある氏の系譜ということができる。

三尾君氏の本拠地

ところで、3の系譜から振媛を三尾君氏の出身とし、かつ三尾君氏をのちの近江国高島郡三尾郷の地域（継体即位前紀にいう「近江国高島郡の三尾の別業」、『上宮記』「一云」にいう「弥乎国の高島宮」）を本拠とする氏とすると、振媛は夫の彦主人王（汙斯王）の死後、故郷の越前国三国の高向（多加牟久）に帰って継体を育てたという伝えと矛盾することになる。そこで三尾君氏の本拠地は、この段階ではのちの越前国坂井郡の三尾にあり、のちに近江国高島郡の三尾に移ったとする説や、振媛の出身氏族はのちの越前国三国を本拠とした三国君氏であるとし、三国君氏は本来3の系譜を称していたが、のちに継体の後裔（ないし同族）とする系譜に改変したとする説などが提示されている。

布利比弥命系譜を称する氏族

たしかに、越前国坂井郡にも古代に遡る「三尾」の地名が存在したことは、天平《てんぴょう》五年（七三三）の『山背国愛宕郡計帳《やましろのくにおたぎぐんけいちょう》』に載る戸主秦倉人奈世麻呂《はたのくらひとなせまろ》の戸口の秦倉人麻呂に注して「越前国坂井郡水尾郷」とあることや、『延喜式《えんぎしき》』（兵部式《ひょうぶ》）に越前国の駅として「三尾」の名がみえることなどから明らかである。また、3の系譜が三国君氏の本来の系譜であり、三国君氏はのちにそれを改変したという可能性もまったく考えられないわけではない。

しかし3の系譜は、右に述べたとおり三尾君氏の系譜とは限らないのであり、羽咋君氏（のちの能登《のと》国羽咋郡の地域を本拠とした一族＝羽咋国造）の系譜である可能性もあり、さらには三尾君氏や羽咋君氏と同祖関係にある、ほかの一族の系譜である可能性も考えられるのである。つまり3の系譜を、三国君氏ではないが同じく越前国の三国の地域を本拠とした一族の系譜と考えるならば、振媛が3の系譜を称することと、越前国の三国の出身であることとは何ら矛盾するものではないのである。

もちろん、3の系譜が三尾君氏の系譜である可能性も否定できないのであるが、その場合は、先にも述べたが、布利比売命（振媛）を阿加波智君の妹として3の系譜に組み込んだことこそが作為である、という見方もできるであろう。

布利比弥命系譜からうかがえる事実

またいずれにしても、3の系譜は、実際に振媛が垂仁七世孫であったことを示すものではなく、それはあくまで系譜上の位置づけに過ぎない。3の系譜においても、阿加波智君―乎波智君―都奴牟斯君の部分は現実的部分（この一族の実際の族長位の継承次第）であり、また都奴牟斯君が乎波智君と阿那爾比弥の間の子というのも事実である可能性は考えられる。しかし、阿那爾比売を「余奴臣の祖」とする以上、3の系譜自体は氏姓制成立後のものであり、2の系譜と同様、継体即位時に存在していたものとは考えられない。

継体を応神五世孫とする記紀の伝えは、『上宮記』「一云」にその具体的系譜がみえるからといってそれを事実とするわけにはいかないのである。

三　継体の婚姻関係

継体の出自（あるいは本拠地）を考えるうえでは、継体の婚姻関係についての記紀の記述も重要である。まずは『古事記』（継体記）の記述を引用すると次のとおりである。

記に記す継体の后妃と子女

4　継体記

天皇、三尾君等の祖、名は若比売《わかひめ》を娶《めと》して、生みませる御子、大郎子《おほいらつこ》。次に出雲郎女《いづものいらつめ》。二柱 又尾張連《をはりのむらじ》等の祖、凡連《おほしむらじ》の妹、目子《めのこ》郎女を娶して、生みませる御子、広国押建金日命《ひろくにおしたけかなひ》。次に建小広国押楯命《たけをひろくにおしたて》。二柱 又意祁《おけ》天皇の御子、手白髪命《たしらか》是は大《おほ》后《きさき》なり。を娶して、生みませる御子、天国押波流岐広庭命《あめくにおしはるきひろには》。波流岐の三字は音を以ゐよ。一柱 又息長真手王の女《むすめ》、麻組《おみ》郎女を娶して、生みませる御子、佐佐宜《ささげ》郎女。一柱 又坂田大俣王《さかたのおほまた》の女、黒比売《くろひめ》を娶して、生みませる御子、神前《かむさき》郎女。次に田《た》郎女。次に白坂活日子《しらさかいくひこ》郎女。次に野《の》郎女、亦《また》の名は長目比売《ながめひめ》。四柱 又三尾君加多夫《かたぶ》の妹、倭比売《やまとひめ》を娶して、生みませる御子、大郎女《おほいらつめ》。次に丸高《まろこ》王。次に耳《みみ》上王。次に赤比売《あかひめ》郎女。四柱 又阿倍《あべ》の波延比売《はえひめ》を娶して、生みませる御子、若屋《わかや》郎女。次に都夫良《つぶら》郎女。次に阿豆《あづ》王。三柱 此の天皇の御子等、幷せて十九王なり。男七、女十二。

これによれば継体の后妃は七人であり、それぞれとの間に生まれた御子を合計すると十七王（男七王、女十王）となる。しかし、右に引用した最後には「此の天皇の御子等、幷せて十九王なり。男七、女十二。」とあり、数が合わない。そこで、本居宣長《もとおりのりなが》の『古事記伝《こじきでん》』

では「又坂田大俣王の女、黒比売を娶して、生みませる御子、神前郎女。次に田郎女」とあるところの「次に」と「田郎女」との間に、『日本書紀』（継体紀元年三月癸酉条。次に引用する）の記述に基づいて「馬来田《まくた》郎女。三柱　又茨田連小望《まむたのむらじおもち》の女、関比売《せきひめ》を娶して、生みませる御子、茨《まむた》」の文を補うべきであるとしている。なお、『古事記伝』がここに「三柱」としたのは、『日本書紀』には『古事記』の黒比売に相当する広媛との間の子女を神前皇女・茨田皇女・馬来田皇女の三人とすることによったと考えられるが、右の文を補った場合でも、『古事記』では神前郎女・馬来田郎女の「二柱」であり十九王にはならず、十八王（男子七、女子十一）である。この点をどのように考えるかという問題は残るが、『古事記伝』のように補った場合の方が『古事記』のなかにおける数の差は小さくなるのであり、『古事記』にも、本来は茨田連小望の娘を妃とする記述のあった可能性は高いと考えられる。補わなかった場合は、黒比売との間に「田郎女」という名の女子がいたことになるが、これに相当する名の女子は『日本書紀』にはみえず、この点からも補うべきであると考えられる。

次に『日本書紀』の記述を引用しておこう。

5　継体紀元年三月甲子条・癸酉条

紀に記す継体の后妃と子女

甲子に、皇后手白香《たしらか》皇女を立てて、内《うち》に修《まつりごと》教せしむ。遂に一《ひとり》の男《ひこみこ》を生ましめたり。是《これ》を天国排開広庭尊《あめくにおしはらきひろにはのみこと》とす。開、此《これ》れをば波羅企《はらき》と云《い》ふ。是嫡子《これむかひめばらのみこ》にして幼年《みとしをさな》し。二《ふたり》の兄《いろねのきみ》治《くにしろしめ》して後に、天下有《あめのしたしろしめ》す。二の兄は、広国排武金日尊《ひろくにおしたけかなひ》と武小《たけを》広国押盾尊《ひろくにおしたて》なり。下《しも》の文《くだり》に見ゆ。……

癸酉に、八《やはしら》の妃《みめ》を納《めしい》れたまふ。八の妃を納れたまふこと、先後《さきのち》有りと雖《いえど》も、此《ここ》に癸酉に納れたまふと曰《い》ふことは、即天位《あまつひつぎしろしめ》して、良き日を占ひ択《えら》びて、初めて後宮《きさき》を拝《さだ》めたまふに拠《よ》りて、文《ふみ》を為《つく》れり。他《あたし》も皆此《これ》に放《なら》へ。元《はじめ》の妃、尾張連草香《くさか》が女《むすめ》を目子媛《めのこひめ》と曰《い》ふ。更の名は色部《しこぶ》。二《ふたり》の子《みこ》を生めり。皆天下を有《し》らす。其の一《ひとり》を勾大兄《まがりのおほえ》皇子と曰《もう》す。是を広国排武金日尊とす。其の二を檜隈高田《ひのくまのたかだ》皇子と曰す。是を武小広国排盾尊とす。次の妃、三尾角《つの》折《をり》君の妹《いろど》を稚子《わかこ》媛と曰ふ。大郎《おほいらつこ》皇子と、出雲皇女とを生めり。次に、坂田大跨《おおまた》王の女を広媛と曰ふ。三《みたり》の女《ひめみこ》を生めり。長《あね》を神前皇女と曰す。仲《なかち》を茨田《まむた》皇女と曰す。少《すなき》を馬来田《まくた》皇女と曰す。次に、息長真手王の女を麻績娘子《をみのいらつめ》と曰ふ。荳角《ささげ》皇女を生めり。荳角、此《こ》れをば娑佐礙《ささげ》といふ。是伊勢大神《いせのおほかみ》の祠《まつり》に侍《はべ》り。次に、茨田連小望《まむたのむらじをもち》が女、或《ある》いは妹と曰ふ。を関媛《せきひめ》と曰ふ。三《みたり》の女を生めり。長を茨田大娘皇女と曰す。仲を白坂活日姫《しらさかいくひひめ》皇女と曰す。少を小野稚郎《をののわかいらつめ》皇女と曰す。更の名は長石《ながいは》姫。次に、三尾君堅楲《かたひ》が女を倭媛と曰ふ。二の男・二の女を生めり。其の一を大娘子皇女と曰す。其の二を椀子皇子と曰す。是三国公の先《おや》なり。その三を耳皇子と曰す。其の四《よたり》を赤姫《あかひめ》皇女と曰す。次に、和珥臣《わにのおみ》河内《かふち》の女を荑媛《はえひめ》と曰ふ。一の男・二の女を生めり。其の一を稚綾姫《わかやひめ》皇女と曰す。其の二を円娘《つぶらのいらつめ》皇女と曰す。その三を厚《あつ》皇子と曰す。次に、根王の女を広媛と曰ふ。二の男を生めり。長を菟《うさぎ》皇子と曰す。是酒人公の先なり。少を中皇子と曰す。是坂田公の先なり。

記紀の違い

これによれば、継体の后妃は九人であったことになる。また、皇子女の合計は二十（男九、女十二）であり、『古事記』（『古事記伝』に従って補った場合）よりも三人（男二、女一）多い。その三人は、『古事記』に継体の妃としてみえない根王の娘の広媛との間に生まれた菟皇子・中皇子の二人と、『古事記伝』のように補っても『古事記』では欠けてしまう茨田皇女の三人である。ほかの子女はいずれも記紀の間で対応しており、継体の后妃子女についての記紀の伝えは概して信憑性が高いといってよいであろう。

最初の妃である若比売（稚子媛）

『古事記』（『古事記伝』に従って補った場合）と『日本書紀』に掲げる継体の后妃を、それぞれの順序に従って表にすると次のとおりである。

さて、『古事記』において最初にその名があげられる妃は、三尾君らの祖とされる若比売であり、この若比売は『日本書紀』では三人目にあげられる稚子媛（三尾角折君の妹）に相当する。『古事記』は天皇の后妃をあげる場合、原則として婚姻順にあげており、継体の最初の妻は若比売（稚子媛）であった可能性が高い。『日本書紀』において三人目となっているのは、『日本書紀』では最初に「皇后」手白香皇女の立后《りっこう》記事を載せ、次いで八人の妃の記事を載せて、その最初に「元の妃」（即位以前の正妻）として目子媛（尾

表1　記紀による継体の后妃

№.	『古事記』	№.	『日本書紀』
1	三尾君らの祖　若比売	1	仁賢天皇の娘　手白香皇女（皇后）
2	尾張連らの祖の凡連の妹　目子郎女	2	尾張連草香の娘　目子媛（元妃）
3	仁賢天皇の御子　手白髪命（大后）	3	三尾角折君の妹　稚子媛
4	息長真手王の娘　麻組郎女	4	坂田大跨王の娘　広媛
5	坂田大俣王の娘　黒比売	5	息長真手王の娘　麻績娘子
6	茨田連小望の娘　関比売	6	茨田連小望の娘　関媛
7	三尾君加多夫の妹　倭比売	7	三尾君堅楲の娘　倭媛
8	阿倍の波延比売	8	和珥臣河内の娘　荑媛
		9	根王の娘　広媛

注：数字は『古事記』（『古事記伝』に従って補ったもの）・『日本書紀』それぞれにおける記載順。
同一人物を線で結んだ。

張連草香の娘。安閑・宣化の母）の名をあげているからである。『日本書紀』においても、若比売（稚子媛）は、右の二人を特別扱いとすれば、ほかの妃のなかで最初に名のあげられている妃ということになる。

また若比売（稚子媛）は、記紀に伝えるとおりであればのちの三尾君氏の一族の出身者である。三尾君氏については、近江国高島郡の三尾の地を本拠とした氏族とみるのがふつうであるが、先に述べたとおり、継体との婚姻が成立した段階ではのちの越前国坂井郡の三尾の地を本拠としていたとする説もある。

なおここでも確認しておきたいのは、この段階ではウヂ名とカバネを持つ氏（ウヂ）は未成立であり、三尾君氏はいまだ存在しなかったという点である。『古事記』に若比売を「三尾君等の祖」と記すのは、そのことをよく示している。ただのちの三尾君氏の前身集団は存在したはずであり、ここでいうのはその前身集団のことである。この点ほかの氏（ウヂ）についても同様である。

目子郎女（目子媛）

次に『古事記』に二人目に名のあげられる妃は、尾張連らの祖の凡連の妹とされる目子郎女（『日本書紀』にいう目子媛）である。この目子郎女については、実際においても継体の二人目の妻であった可能性が高いと考えられる。目子郎女を母とする安閑・宣化の年齢は『古事記』には記載がない。しかし『日本書紀』によれば、安閑は安閑二年（五三五）に七十歳で崩じたとあるから、継体即位時（五〇七年）には四十二歳、宣化は宣化四年（五三九）に七十三歳で崩じたとあるから、継体即位時には四十一歳であったことになる。継体の年齢は、『日本書紀』によれば即位時に五十八歳であったとされるから、安閑・宣化は継体が十六、七歳の時の子ということになる。『日本書紀』にいう継体・安閑・宣化の年齢は必ずしも確かなものとはいえないが、安閑・宣化が継体の即位時に成年に達していた可能性は高く、目子郎女が継体の若い時にその妻となったことは事実と考えてよいであろう。

尾張連氏

『日本書紀』によれば、目子媛は尾張連草香の娘とされ、『古事記』に尾張連の祖の凡連の妹とあるのとは異なるが、草香の娘で凡の妹（凡は草香の子）であったと解釈すれば記紀の伝えに矛盾は生じない。尾張連氏は天火明命《あめのほあかり》を祖とする氏族であり、その本宗は天武十三年（六八四）に宿禰のカバネを賜り、『新撰姓氏録』には左京神別下に尾張宿禰がみえ、火明命二十世孫の阿曾禰《あそね》連を祖とするとある。連姓のままの一族もあり、『新撰姓氏録』左京神別下・右京神別下・山城国神別・大和国神別・河内国神別に尾張連がみえる。本拠は尾張国にあり、尾張国造を世襲したと考えられる氏である。八世紀以降も、一族の人物は尾張国内の諸郡の郡領に就任している。目子郎女（目子媛）が継体の妻となったころのその前身集団も、尾張の地を本拠としていたとみてよいであろう。

手白髪命（手白香皇女）

次に『古事記』に三人目に名のあげられる妃は、仁賢《にんけん》の娘とされる手白髪命である。手白髪命は、いうまでもなく『日本書紀』にいう「皇后」手白香皇女（やはり仁賢の娘とされる）に相当し、『古事記』においても「大后」と注記されている。この婚姻は、次章で述べるとおり継体の即位（大和入り）にともなってのものと考えられるから、『古事記』に掲げる后妃の順序が婚姻順であるならば、これ以降に名のあがる妃はいずれも継体即位後の妻ということになる。

その他の妃との婚姻の時期

しかし、この点はあくまで原則であり、これ以降の妃のなかにも継体の即位以前からの妻の含まれている可能性は否定できない。継体の即位時の年齢は『日本書紀』にいう五十八歳は正確ではないにせよ、かなりの年齢であったことは間違いないと考えられる。手白髪命以降にあげられる妃との間にも、それぞれ何人かの子女があったとされるのであり、むしろそれらの妃との婚姻も、多くは即位以前からのものと考える方が自然であろう。とするならば、それらの妃の出身地も継体の本拠地を考えるうえで重要ということになる。

麻組郎女（麻績娘子）

『古事記』において、手白髪命の次（四人目）にあげられる妃は息長真手王の娘とされる麻組郎女（『日本書紀』にいう麻績娘子。『日本書紀』でも息長真手王の娘とされる）である。息長真手王は、先にも述べたが、『日本書紀』には敏達《びだつ》の最初の皇后とされる広姫の父としても同名の王の名がみえる。両者は別人であろうが、伝えに混乱があるということも考えられる。いずれにせよ、ここでいう息長真手王はのちの息長君氏の前身集団の人物と考えるのが妥当であろう。また「息長」はのちの近江国坂田郡の地名の「息長」に相当するとみてよく、麻組郎女（麻績娘子）はこの地域出身の女性と考えられる。

黒比売（広媛）

五人目は坂田大俣王の娘とされる黒比売（『日本書紀』にいう広媛。『日本書紀』でも広媛は坂田大跨王の娘とされる）である。坂田大俣（跨）王の「坂田」ものちの近江国坂田郡の「坂田」に相当する地名と考えられ、黒比売（広媛）もこの地域出身の女性とみてよいであろう。

関比売（関媛）

六人目は、『古事記』に従って補うならば茨田連小望の娘の関比売である。関比売は、『古事記伝』が『日本書紀』に茨田連小望の娘の関媛とあるのに基づいて補ったのであるから、当然その関媛に相当する。茨田連氏は初代神武《じんむ》天皇の子あるいは孫とされる日子八井《ひこやい》命（彦八井耳命《ひこやいみみ》）を祖とする氏であり、本宗は天武十三年（六八四）に宿禰のカバネを賜り、『新撰姓氏録』には河内国皇別に茨田宿禰がみえ、「多朝臣《おほのあそみ》同祖。彦八井耳命の後なり」とある。連姓のままの一族もあり、『新撰姓氏録』右京皇別・山城国皇別に茨田連がみえる。茨田屯倉《みやけ》を管掌したと考えられる氏族であり、茨田屯倉の「茨田」も茨田連氏の「茨田」も、のちの河内国茨田郡茨田郷（現在の大阪府寝屋川《ねやがわ》市）の地に相当する地名である。茨田連氏（およびその前身集団）の本拠地はこの地域であったと考えられる。関比売（関媛）はこの地域出身の女性とみてよいであろう。

倭比売（倭媛）

七人目は三尾君加多夫の妹とされる倭比売（『日本書紀』にいう倭媛。『日本書紀』では三尾君堅槭の娘とされる）である。三尾は、先にみたとおりのちの近江国高島郡の「三尾」か、あるいは越前国坂井郡の「三尾」に相当する地名と考えられ、倭比売（倭媛）もそのどちらかの出身と考えられる。

波延比売（荑媛）

八人目は阿倍の波延比売（『日本書紀』にいう荑媛）である。『日本書紀』では荑媛を和珥臣河内の娘としており、記紀の間で波延比売（荑媛）の出自についての伝えが異なる。その理由は不明であるが、『古事記』にいう阿倍の波延比売の「阿倍」は地名と考えてよいであろうから、それが阿倍臣氏の「阿倍」と同じでのちの大和国十市《とおいち》郡の「阿倍」であれば、波延比売はのちの阿倍臣氏（その前身集団）出身の女性と考えるのが妥当ということになる。しかし、「阿倍」という地名は、のちの駿河《するが》国安倍《あべ》郡の「阿倍」、摂津《せっつ》国東成郡《ひがしなり》の安部野《あべの》の「阿倍」などほかにも多く存在し、特定するのは困難である。『日本書紀』によれば、荑媛（波延比売）はのちの和珥臣氏の出身の女性ということになる。一般には和珥臣氏の「和珥」も地名であり、のちの大和国添上郡《そえかみ》の「和珥」に相当すると考えられている。しかし和珥臣氏は、春日《かすが》・大宅《おおやけ》・小野《おの》・粟田《あわた》・柿本《かきのもと》臣氏など多くの同族から構成されており、その本拠地は明確ではない。記紀によれば、和珥臣氏は応神・反正《はんぜい》・雄略《ゆうりやく》・仁賢など、継体以前から多くの天皇に后妃を入れた氏とされるが、もとよりその信憑性には問題がある。

紀にのみみえる広媛

最後に、『古事記』にはみえないが、『日本書紀』に九人目の妃としてあげられる根王の娘の広媛である。根王についてはほかに記事がなく、その出自は不明である。広媛が生んだ長男の菟皇子が酒人公（君）氏の祖とされ、次男の中皇子が坂田公（君）氏の祖とされていることからすると、酒人君氏・坂田君氏は、先に述べたとおりのちの近江国坂田郡の地域を本拠とした氏と考えられるから、広媛もその地域の出身者であるとみることはできる。しかし、この『日本書紀』の伝えは、のちに酒人君氏・坂田君氏がその出自を継体に結び付けるために作成し、それが王権にも認められたとみることも可能である。そうみてよければ、実際には、根王の娘の広媛なる人物は継体の妃として存在しな

表2　継体の后妃と出身地

No.	『古事記』	『日本書紀』	出身地
1	三尾君らの祖　若比売	三尾角折君の妹　稚子媛	近江あるいは越前
2	尾張連らの祖の凡連の妹　目子郎女	尾張連草香の娘　目子媛	尾張
3	仁賢天皇の娘　手白髪命	仁賢天皇の娘　手白香皇女	大和
4	息長真手王の娘　麻組郎女	息長真手王の娘　麻績娘女	近江
5	坂田大俣王の娘　黒比売	坂田大跨王の娘　広媛	〃
6	茨田連小望の娘　関比売	茨田連小望の娘　関媛	河内
7	三尾君加多夫の妹　倭比売	三尾君堅楲の娘　倭媛	近江あるいは越前
8	阿倍の波延比売	和珥臣河内の娘　荑媛	不明

かったということになる。そもそも『古事記』にこの広媛に対応する妃がみえないということや、『日本書紀』にいま一人「広媛」という名の妃（坂田大跨王の娘）がみえることは、その可能性の高いことを示している。

継体の后妃

以上、記紀に伝えられる継体の后妃についてみてきたが、近江出身と考えられる妃の多いことは確かである。改めて継体の后妃とその出身地を整理すると次のとおりである。

継体の本拠地

継体の婚姻関係からは、継体は近江を本拠としていたと考えるのが妥当であろう。とするならば、このことは、継体は越前で育てられたという『日本書紀』や『上宮記』

「一云」の伝えと、どのように整合させて考えればよいのであろうか。

また、継体の陵墓と伝えられるのは摂津国三島《みしま》の藍《あい》（藍野《あいの》）陵である。墓がその被葬者の本拠地に造営されるものであるならば、継体の本居地はのちの摂津国三島（現在の大阪府高槻《たかつき》市・茨木《いばらき》市・摂津《せっつ》市・吹田《すいた》市・箕面《みのお》市・豊中《とよなか》市）の地域にあったことになる。

さらにまた『日本書紀』によれば、継体は最初樟葉《くすは》宮で即位したとされており、この点も継体の本拠地を考えるうえで無視できないであろう。樟葉宮の「樟葉」はのちの河内国交野《かどの》郡葛葉《くずは》郷（現在の大阪府枚方《ひらかた》市）に相当する地名である。

継体の本拠地の問題については、次章で継体の即位事情を取りあげるなかで改めて考えることにしたい。

第三　継体の即位

一　記紀の伝承

継体の即位について、『古事記』では次のように記している。

1　武烈記

天皇《すめらみこと》既《すで》に崩《かむあが》りまして、日続《ひつぎ》知《し》らすべき王《みこ》無かりき。故《かれ》、品太《ほむだ》天皇の五世《いつつぎ》の孫《ひこ》、袁本杼《をほと》命を近淡海《ちかつあふみ》国より上《のぼ》り坐《ま》さしめて、手白髪《たしらか》命に合せて、天《あめ》の下《した》を授《さづ》け奉《まつ》りき。

2　継体記

品太王の五世の孫、袁本杼命、伊波礼《いはれ》の玉穂《たまほ》宮に坐《いま》しまして、天の下治《し》らしめしき。

すなわち1によれば、武烈が亡くなって王位を継承すべき王子がなかったので、品太天皇（応神《おうじん》）の五世孫である袁本杼命（継体）を近淡海国（近江《おうみ》国）から迎え、手白髪命（仁《にん》賢《けん》の娘）と結婚させて即位させた。2によれば、継体は伊波礼（磐余《いわれ》）の玉穂宮で天下を治めたというのである。『古事記』では継体を即位させた（擁立《ようりつ》した）主体について明記はしていないが、中央の有力豪族たちによって擁立されたとしているとみて間違いないであろう。なお、磐余の玉穂宮の所在地はのちの大和《やまと》国十市《とおいち》郡内（現在の奈良県桜《さくら》井《い》市）に比定される。

『古事記』は編年体で書かれていないから、継体の即位年についての記述はみえない。しかも継体の場合は、一代前の武烈《ぶれつ》の崩年干支が伝えられておらず（『古事記』には崩年干支の伝えられている天皇といない天皇がある）、そこから即位年を推定することもできない。

一方、『日本書紀』では次のように記している。

3　継体即位前紀

……天皇、壮大《をとこさかり》にして、士《ひと》を愛《め》で賢《さかしき》を礼《ゐやま》ひたまひて、意豁如《みこころゆたか》にまします。天皇、年五十七歳、八年（武烈八年）の冬十二月の己亥《つちのとい》（八日）に、小泊瀬《をはつせ》天皇崩《かむあが》りましぬ。元より男《をとこみこ》　女《をみなみこ》無くして、継嗣《みつぎ》絶《た》ゆべし。壬子《みづのえね》（二十一日）に、大伴金村《おほとものかなむら》大連議《はか》りて曰《い》はく、「方《まさ》に今絶えて継嗣無し。天下《あめのした》、何《いづれ》の所にか心を繫《か》けむ。古《いにしへ》より今に迄《いた》るまでに、禍《わざわひ》　斯《これ》に由《よ》りて起る。今足仲彦《たらしなかつひこ》天皇の五世の孫倭彦《やまとひこ》王、丹波《たには》国の桑田《くはた》郡に在《ま》す。請ふ、試《こころみ》に兵杖《つはもの》を設《ま》けて、乗輿《みこし》を夾《はさ》み衛《まも》りて、就《ゆ》きて迎へ奉《まつ》りて、立てて人主《きみ》としまつらむ」といふ。大臣・大連等、一《もはら》に皆随ひて、迎へ奉ること、計《はかりごと》の如し。是《ここ》に、倭彦王、遥に迎へたてまつる兵《つはもの》を望《おせ》りて、懼然《おそ》りて色《おもへり》失《あやま》りぬ。仍《よ》りて山壑《やまたに》に遁《にげほどはし》りて、詣《いま》せむ所を知らず。

4　継体元年正月条

元年の春正月辛酉《かのととり》の朔甲子《きのえね》（四日）に、大伴金村大連、更《また》籌議《はか》りて曰はく、「男大《をほ》迹《と》王、性《ひととなり》慈仁《めぐみ》ありて孝順《おやにしたが》ふ。天緒《あまつひつぎ》承《つた》へつべし。冀《ねが》はくは慇懃《ねむごろ》に勧進《すすめまつ》りて、帝業《あまつひつぎ》を紹隆《さか》えしめよ」といふ。物部麁鹿火《もののべのあらかひ》大連・許勢男人《こせのおひと》大臣等、僉《みな》曰はく、「枝孫《みあなすえ》を妙《くは》しく簡《えら》ぶに、賢者《さかしきみこ》は唯し男大迹王ならくのみ」といふ。丙寅《ひのえとら》（六日）に、臣連等を遣《まだ》して、節《しるし》を持ちて法駕《みこし》を備へて、三国に迎へ奉る。兵杖夾み衛り、容儀《よそおひ》粛《いつく》しく整へて、前駈《みさき》警蹕《お》ひて、奄然《にはか》にして至る。是に、男大迹天皇、晏然《しづか》に自若《つねのごとく》して、胡床《あぐら》に踞坐《ましま》す。陪臣《さぶらふひと》を斉《ととの》へ列《つら》ねて、既に帝《すめらみこと》の坐《ましま》すが如し。節を持つ使等、是に由りて敬憚《かしこま》りて、心を傾け命を委《よ》せて、忠誠《まめなるこころ》を尽さむことを冀ふ。然《しか》るに天皇、意《みこころ》の裏《うち》に尚《なほ》疑ありとして、久しくして就《つ》かず。適《たまたま》河内馬飼首荒籠《かふちのうまかいのおびとあらこ》を知れり。密《しのび》に使を奉遣《たてまだ》して、具《つばひらか》に大臣・大連等の迎へ奉る所以《ゆえ》の本意《もとつこころばへ》を述べまうさしむ。留ること二日三夜ありて、遂に発《た》つ。乃《すなは》ち喟然《なげ》歎きて曰はく、「懿《よ》きかな、馬飼首。汝若《いましも》し使を遣して来り告《まう》すこと無からましかば、殆《ほとほど》に天下に蚩《わら》はれなまし。世《ひと》の云《い》はく、『貴《たふとく》賤《いやしき》を論《あげつら》ふこと勿《なか》れ。但《ただ》其の心をのみ重《おも》みすべし』といふは、蓋《けだ》し荒籠を謂《い》ふか」とのたまふ。践祚《あまつひつぎしろしめ》すに及至《いた》りて、厚く荒籠に寵待《めぐみたま》ふことを加ふ。甲申《きのえさる》（十二日）に、天皇、樟葉《くすは》宮に行至《いた》りたまふ。

5　継体元年二月条

二月の辛卯《かのとう》の朔甲午《きのえうま》（四日）に、大伴金村大連、乃ち跪《ひざまづ》きて天子の鏡剣《みかがみみはかし》の璽符《みしるし》を上《たてまつ》りて再拝《をが》みたてまつる。……男大迹天皇曰はく、「大臣・大連・将相《まへつきみ》・諸臣《もろもろのおみ》、咸《ことごとく》に寡人《おのれ》を推《お》す。寡人敢《あ》へて乖《たが》はじ」とのたまひて、乃ち璽符を受く。是《こ》の日に即天皇位《あまつひつぎしろしめ》す。大伴金村大連を以て大連とし、許勢男人大臣をもて大臣とし、物部麁鹿火大連をもて大連とすること、並びに故《もと》の如し。是を以て、大臣・大連等、各職位《つかさくらゐ》の依《まま》にす。庚子《かのえね》（十日）に、大伴大連奏請《まう》して曰《まう》さく、「臣《やつこ》聞く、前《さき》の王《みかど》の世を宰《をさ》めたまふこと、維城《まうけのきみ》の固《かため》非《あら》ずは、以て其の乾坤《あめつち》を鎮むること無し。掖庭《うちつみや》の親《むつび》非《あら》ずは、以て其の趺蕚《みあなすゑ》を継ぐこと無しと。……請《うけたまは》らくは、手白香皇女を立てて、納《め》して皇后《きさき》とし、神祇伯《かむつかさのかみ》等を遣して、神祇《あまつやしろくにつやしろ》を敬祭《いつ》きて、天皇の息《みこ》を求《まう》して、允《まこと》に民《おほみたから》の望に答へむ」とまうす。天皇曰はく、「可《ゆるす》」とのたまふ。

やや引用が長くなったが、要約すると次のとおりである。

倭彦王の記事

3　継体が五十七歳の時の武烈八年（五〇六）十二月、小泊瀬天皇（武烈）が崩じた。武烈には子がなかったため、継嗣が絶えてしまいそうになった。そこで大連の大伴金村は、諸豪族とはかって、まず足仲彦天皇（仲哀）の五世孫である倭彦王を丹波《たんば》国から迎えようとした。しかし倭彦王は迎えの乗輿が武器で守られているのを見て恐れ、逃げてしまった。

継体を地方から迎えたとの記事

4　翌継体元年（五〇七）正月、大連の大伴金村は大連の物部麁鹿火や大臣の許勢男人らとはかって、継体を天皇の位に就けるべく、越前《えちぜん》の三国《みくに》に迎えの使いを遣わした。継体は初め疑いを持ったが、たまたま迎えの使いのなかに兼ねてから知っていた河内馬飼首荒籠がおり、荒籠は密かに使いを送って大臣・大連らの本意を継体に伝えた。継体は荒籠をほめ、即位を承諾して樟葉宮に至った。

手白香皇女を皇后にしたとの記事

5　同年二月、大伴金村大連らの要請を受けて即位した継体は、もとのとおり大伴金村を大連に任じ、許勢男人を大臣、物部麁鹿火を大連に任じた。また大伴金村は、継体に仁賢の娘の手白香皇女を皇后に立てて後継（皇太子）をもうけるよう進言し、継体はこれも承諾した。

『日本書紀』は継体元年（継体即位の年）の干支を丁亥《ひのとい》としており、この丁亥年は西暦五〇七年に相当する。「はしがき」でも述べたが、継体は、継体紀二十五年（五三一）二月丁未《ひのとひつじ》条によればこの年に八十二歳で死去したとあり、それに従えば即位時の継体元年には五十八歳であったことになる。これは当然ではあるが、3に五十七歳の時に武烈が死去したとあることと対応している。

そして『日本書紀』には、その後のこととして次のような記事も載せられている。

その後の遷都の記事

6　継体五年十月条

五年の冬十月に、都を山背《やましろ》の筒城《つつき》に遷《うつ》す。

7　継体十二年三月条

十二年の春三月の丙辰《ひのえたつ》の朔甲子（九日）に、遷りて弟国《おとくに》に都《みやこ》す。

8　継体二十年九月条

継体二十年の秋九月の丁酉《ひのととり》の朔 己酉《つちのととり》（十三日）に、遷りて磐余の玉穂に都す。一本に云はく、七年なりといふ。

すなわち、継体五年（五一一）には河内の樟葉宮から山背の筒城に都を遷し、さらに十二年には弟国に遷し、二十年（一本では七年）に磐余の玉穂（『古事記』にいう伊波礼の玉穂宮）に遷したというのである。樟葉宮の所在地は、先に述べたとおりのちの河内《かわち》国交野《かどの》郡葛葉《くずは》郷付近（現在の大阪府枚方《ひらかた》市）と推定され、山背の筒城はのちの山城《やましろ》国綴喜《つづき》郡の地域（現在の京都府京田辺《きょうたなべ》市）、弟国はのちの山城国乙訓《おとくに》郡の地域（現在の京都府京都市の一部・向日《むこう》市・長岡京《ながおかきょう》市・大山崎《おおやまざき》町）に比定される。

以上が継体の即位に関する記紀の記述である。ここからどのような事実が考えられるであろうか。

二　即位事情

倭彦王の記事の意味

まず3の継体即位前紀において、仲哀五世孫の倭彦王を迎えようとしたが失敗したとあることについてであるが、これを事実に基づいた記述とみることはできないであろう。いかにも作り話とみられるその内容や、漢文的潤色の著しい文章、また「倭彦王」という固有名としてふさわしくない名などからしてそれは明らかであろう。

そして『日本書紀』がなにゆえこのような話を載せたのかといえば、それは仲哀五世孫である倭彦王を丹波から迎えようとしたというのであるから、応神五世孫である継体の即位を正当化しようとしてのことと考えてよいであろう。つまり継体即位前紀を書くにあたって、『日本書紀』編者のもとには、継体は応神五世孫であり地方から迎えられた天皇であるという伝えが存在しており、編者はそれに従った（従わざるを得なかった）が、編者にとってそのような即位は異例と考えられたため、倭彦王の話を作成しそれを正当化しようとした、ということが推定されるのである。

第一章の六「雄略死後の政治過程」で述べたように、オケ・ヲケ二王の物語を継体即位前のこととして挿入したのも、また一代前の武烈を悪逆非道の天皇としたのも同じ意図によるものと考えられる。逆にいえば、継体が地方から迎えられて即位した（通常とは異なる即位であった）ことは事実である可能性が高いということである。

近江と越前

次に、継体が『古事記』では近淡海国（近江国）から、『日本書紀』では三国（越前国坂《さか》井《い》郡三国）から迎えられたとある点について考えてみたい。

右に引用した継体即位前紀（3）の前には前章で取りあげた継体の出生・おいたちを述べた部分があるが、前章で述べたとおり、その部分の伝え（継体は近江で生まれ、父の死後、母の振媛《ふるひめ》が故郷の三国で継体を育てたという伝え）は『日本書紀』以前から存在していたと考えられる。とするならば、『日本書紀』編者はその伝えに対応させるため、継体を越前の三国から迎えたとした、ということが推定されるのではなかろうか。編者は、三国で育った継体は成長後も三国を本拠としていたと解した、ということである。

近江からの即位

しかしその伝えは、必ずしも継体が即位する直前まで三国にいたことを語るものではない。成長した継体が再び近江に戻ったとしても、その伝え自体とは何ら矛盾しないのである。継体の婚姻関係からすると、継体は近江を本拠としていた可能性が高いのであり、『古事記』にいうとおり近江から迎えられて即位したとみるのが妥当であろう。

なお、継体の出生・おいたちについて述べた部分には、継体の父の彦主人王《ひこうし》が母の振媛を「近江国の高島《たかしま》郡の三尾《みお》の別業《なりどころ》」に迎えたとあるが、ここに「別業」(別宅)とあることに注目し、彦主人王の本拠地はほかにあったとする説もある。しかし、『上宮記』「一云」においては「弥乎《みお》国高島宮」と記すのみであり、それが「別業」であったとは記しておらず、たとえ「別業」であったとしても、それはあくまで父の彦主人王の本拠地についてのことである。また、その父の本拠地についても、「別業」と同じ近江国内にあったとみて問題はないのである。

手白香皇女との婚姻の意味

次に、『古事記』(1)・『日本書紀』(5)のいずれにおいても、継体が手白髪命(手白香皇女)を正妻として迎えることを即位の条件のように記している点について考えてみたい。

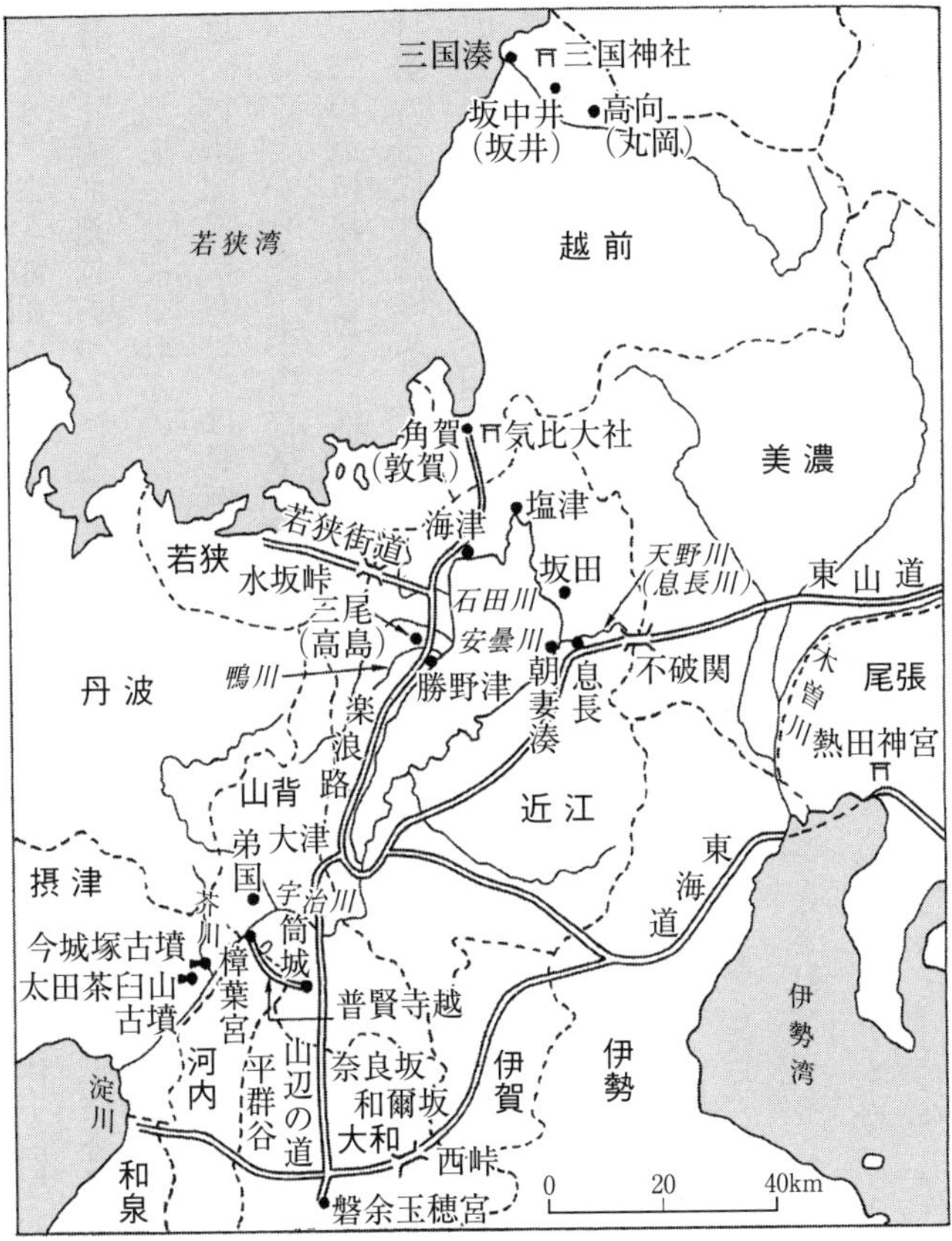

継体関係地図

(和田萃『大系日本の歴史２　古墳の時代』より)

まず、この婚姻が特別な意味を持った婚姻であり、その後手白髪命（手白香皇女）が継体の正妻的地位あったことは事実と考えてよいであろう。手白香皇女は、『日本書紀』に「皇后」と記されるのはもとより、『古事記』にも「大后」と注記されており、これは『古事記』においては異例である。また、のちに二人の間に生まれた欽明《きんめい》が即位していることからも、手白香皇女が正妻的地位あったことは推定されるであろう。

この点に注目して、継体の即位を特別（異例）なものとはみない説もある。すなわち、日本の古代社会は父系でも母系でもない双系的社会であり、王位の継承も双系的に行われたとして、仁賢の娘を妻とする継体が即位するのは何ら不自然ではなく、それは平和裏に行われた継承であったとするのである。

安閑・宣化と仁賢の娘との婚姻

しかし継体だけではなく、その子の安閑《あんかん》・宣化《せんか》も仁賢の娘の春日山田《かすがのやまだ》皇女・橘仲《たちばなのなかつ》皇女を妻としていることに注意しなければならない。『日本書紀』では、安閑が春日山田皇女（春日皇女）を妻としたのは継体七年（五一三）のこととされ（継体七年九月条）、宣化が橘仲皇女を妻としたのも即位（五三六年）前のこととされている（宣化元年三月己酉条）。安閑・宣化と仁賢の娘との婚姻も、継体の即位（大和入り）にともなってのことであった可能性が高い（安閑が春日山田皇女を妻としたという継体七年は、右に引用した8の分注の一本によれば、継体が大和の玉穂宮に遷った年である)。やはりそこには特別な事情があったと考えるべきであろう。継体、安閑・宣化父子が前代の王権を継承するためには、そのような政略結婚が必要であった(少なくともそのように判断された)と考えられるのである。

継体の即位と諸豪族

次に、継体即位にあたっての諸豪族の動きについて考えてみたい。

記紀によれば、継体は中央の諸豪族の総意によって擁立されたように記されており、『日本書紀』には、それを主導したのは一貫して大伴金村であったと記されている。しかしこの点について、実際は、継体は地方から大和に攻め入って即位した大王であるとの見方も存在する。継体を新王朝の創始者とする王朝交替説は、その代表であるといってよい。その説によれば、『日本書紀』に、大和の磐余玉穂宮に入る前に河内の樟葉宮、山背の筒城、弟国と都を遷したとあるのも、継体の大和入りに対する抵抗勢力の存在したことを示すとされる(直木孝次郎「継体朝の動乱と神武伝説」など)。

都を転々としたとの記事の信憑性

都を転々としたとする記事の信憑性は後述のとおり疑わしいのであるが、具体的な宮名・地名をもって記されるそれらの記事をまったく無視してしまうことはできないであろう。玉穂宮に入った年を継体二十年(五二六)とする本文に対して、継体七年とする別伝もあったことからすると、少なくとも継体紀の書かれた段階の作文ではないと考えられる。

河内馬飼首と茨田連氏

継体元年（五〇七）正月条（4）によれば、大伴金村らが派遣した迎えの使者のなかに河内馬飼首荒籠がいたとある。この河内馬飼首氏（その前身集団）については、のちの河内国河内郡豊浦《とゆら》郷付近（現在の大阪府東大阪市《ひがしおおさか》）を本拠とし、生駒《いこま》山地の西麓で馬の飼育にあたっていた人々を統率した一族と考えられている（加藤謙吉『大和政権とフミヒト制』）。継体はこの一族の人物と旧知であったというのである。また先にみたとおり、継体の妻の一人に茨田連《まむたのむらじ》氏（その前身集団）の女性である関比売《せきひめ》（関媛）がいたが、茨田連氏の本拠地も河内である。

継体紀（4・5）によれば、継体ははじめ河内の樟葉宮（現在の大阪府枚方市）で即位したとされるのであるが、右の諸点からすれば、樟葉宮は継体が大王として迎えられたことによりはじめて入った地というのではなく、もとから継体の根拠地の一つであったとみるのが妥当であろう（加藤謙吉「文献史料から見た継体大王」）。

継体と淀川水系

樟葉は淀川《よどがわ》中流域左岸に位置するが、山背の筒城・弟国も淀川水系に属する地である。また継体の陵《みささぎ》とされる三島《みしま》の藍野《あいの》陵（宮内庁が継体陵に治定するのは三島《みしま》古墳群中の太田茶臼山《おおたちゃうすやま》古墳であるが、実際の継体陵は同古墳群中の今城塚《いましろづか》古墳と考えられている。今城塚古墳については、第七章の一

「継体の墓と葬送儀礼」で改めて取りあげる）の所在地も、淀川の中流域右岸の地であり、樟葉とも近いその対岸の地である。

継体の大和入りの時期

近年、即位前の継体は琵琶湖と大阪湾を結ぶ淀川水系を掌握した大豪族であったとする見方が有力であるが、たしかにその可能性は高いと考えられる。ただ、継体が近江から迎えられたとする『古事記』の伝えを事実と考えるならば、即位前の継体の本拠地が近江にあったことは認めなければならない。そしてそうであるならば、大和入り前に都を転々としたという継体紀の記事は否定せざるを得ないであろう。

先にみたとおり、継体と手白香皇女との婚姻は継体の即位にともなってのことと考えられるのであるが、前大王の娘である手白香皇女は、当然大和を拠点としていたであろう。そうでありながら、即位後大和入りまで二十年（一本では七年）もかかったとする継体紀の伝え（8）は不自然であり、この点からも、都を転々としたとする記事は疑われるのである。継体紀の記事から、即位前の継体が近江から樟葉に移り、さらに筒城・弟国を経由して大和に入った（即位した）ということを推測するのは可能かもしれないが、その場合でも、それはあくまで大和入りの経路であり、即位後大和入りまで何年もかかったということではあるまい。

ただ、樟葉・筒城・弟国の地が即位前からの継体の根拠地の一つであった可能性は高いといってよい。継体は近江を拠点としながらも、琵琶湖から淀川水系を利用してその勢力を拡大し、各地に拠点を築いていったことが推定されるのである。このことは、即位前の継体が瀬戸内海航路を通じての各地との交流、さらには朝鮮半島諸国との交流にも関心を抱いていたことを示すものとしても注意されるであろう。

大和入りの意味

さて、大和入り前に都を転々としたという継体紀の記事は事実ではないとしても、そうであるからといって、継体の即位（大和入り）に抵抗する勢力があったという見解が否定されるわけではない。継体元年正月条（4）によれば、継体は即位を要請する使者を迎えた際に最初は疑ったというのであり、これもそのまま事実の伝えとみることはできないが、このような話を『日本書紀』編者が作成した背景には、継体の擁立には反対もあったとする認識の存在していたことが推定されるであろう。継体が地方出身者であり、即位にあたっては前代の大王の娘との婚姻を行う必要があったということをあわせて考えるならば、やはり継体の大和入りには、反対する勢力もあったとみるのが妥当であろう。

記紀において、継体が諸豪族の総意によって迎えられたように記されるのは、この場合も、継体の即位を正当化しようとする意図に基づいてのことと考えられる。継体の即位（大和入り）に反対した勢力が、具体的にどのような勢力であったかは明確にできないが、大和（奈良盆地）を本拠としていた前王権との関係の深い諸豪族を想定するのが、まずは妥当な推測であろう。

継体による王権の継承

そして、継体が自らの本拠地（あるいは拠点の一つ）で即位し、そこを都とするのではなく、大和に入って磐余玉穂宮を都としたということは、継体の即位事情を考えるうえで重要である。それは、継体が前王権の簒奪者ではなく、継承者であることを示そうとしたものと考えられるからである。また、そうしなければ、倭国全体の王であることが認められなかったという状況も想定されてよいであろう。継体即位の段階においては、王権の所在地は大和（奈良盆地の東南部）にあるとの認識が、すでに支配者層に共有されていたと推定されるのである。

継体の即位は、それを支持する勢力によって擁立されたという性格が強かったのか、あるいは継体自身が支持勢力と結んで王位を奪ったという性格が強かったのか、この点は必ずしもはっきりしないが（もちろん両方の面を持っていたと考えることもできる）、たとえ後者であったとしても、継体は前代の王権を継承したのであり、継体の即位を王朝交替とみることはできないであろう。しかし一方において、それを平和裏に行われた通常の王位継承であった、とみるのもまた疑問と考えられるのである。

継体の即位と大伴金村

なお、継体紀において、継体の擁立を主導したのは大伴金村であったとされる点については事実ではなく、『日本書紀』編者の認識に基づいた作文とみてよいであろう。『日本書紀』においては、雄略の死後、天皇（王権）を支えたのは一貫して大連であった大伴室屋《むろや》と、そのあとを継いだ大伴金村であったとされるのであり、継体の擁立も、それとの対応で金村を主人公に描かれたものと考えられる。それは、大伴氏の家記《かき》に基づいてのことかもしれないが、いずれにせよ、それらをそのまま事実と考えることはできない。ただこのことは、大伴氏（その前身集団）が継体の即位を支持したこと自体を否定するものではなく、大伴金村・物部麁鹿火の二人が継体を支持した中心的人物であったことは、事実とみてよいと考えられる（次章参照）。

応神五世孫という伝え

最後に、継体を応神五世孫とする伝えについてであるが、前章で述べたように、それが記紀以前から存在した伝えであったことは認められる。しかしそのことは、それが継体即時まで遡る伝えであることを示すものではなく、またたとえ遡るとしても、事実であることを示すものではないのである。継体の即位は、そもそも王位が一定の血統に固定化されていない段階であったからこそ可能であったと考えられるのであり、そのような段階では、継体およびその支持勢力にとって、応神五世孫を唱える必要もなければその意味もなかったはずである。応神五世孫については、やはり万世一系の考え方に基づき、記紀編纂に近い段階に至って作られた伝えとみるのが妥当であろう。

以上、継体の即位事情についてみてきたが、要するに継体は、前大王との血縁関係はなく、地方から前王権の本拠地であった大和に入り、その王権を継承した大王であったと考えられるのである。このことは即位後の継体の諸政策にも大きな影響を与えたと考えられるが、この点については次章以下において具体的にみていくことにしたい。

ただその前に、隅田八幡宮《すだはちまんぐう》所蔵の人物画像鏡銘《じんぶつがぞうきょうめい》の問題を取りあげる必要があろう。これまで本書では触れてこなかったが、継体の即位事情について論ずる場合、この問題を避けて通ることはできない。この銘文を、即位前の継体が大和の忍坂宮《おしさかのみや》（忍坂は現在の奈良県桜井市に比定される）にいたことを示すとする解釈が存在するからである。

三　隅田八幡宮所蔵人物画像鏡銘

人物画像鏡の銘文

和歌山県橋本《はしもと》市垂井《たるい》の隅田八幡宮に伝えられる人物画像鏡には、四十八字からなる銘文が記されている。その釈読をめぐっては多くの議論が重ねられてきたが、いまだ通説と呼べるような釈文は得られていない。いま、その銘文について、議論の多い文字を□で示すと次のとおりである。

癸[1]未[2]年[3]八[4]月[5]□[6]十[7]□[8]王[9]年[10]□[11]□[12]王[13]在[14]意[15]柴[16]沙[17]加[18]宮[19]時[20]斯[21]麻[22]念[23]長[24]□[25]遣[26]□[27]中[28]費[29]直[30]穢[31]人[32]今[33]州[34]利[35]二[36]人[37]
□[38]□[39]白[40]上[41]同[42]二[43]百[44]□[45]□[46]此[47]竟[48]

銘文と継体

この銘文の有力な解釈として、「癸未年」（五〇三）に百済王の「斯麻《しま》」（武寧《ぶねい》王）が「意《お》柴沙加《しさか》宮」（大和の忍坂宮）にいた王（継体）のもとに使いを送ってきたとする説がある。もしこの解釈が正しく、継体の即位年を「丁亥」（五〇七年）とする『日本書紀』の記述も事実であるとするならば、即位以前の継体がすでに大和の忍坂宮（磐余玉穂宮とも近い地にあった宮）に居住していたことになり、これまで述べてきたような継体の即位事情は認められないことになる。

そこで、以下やや煩雑にはなるが、隅田八幡宮所蔵の人物画像鏡銘（以下、隅田鏡銘と略記する）について検討することにしたい。

銘文解釈上の問題

一般に金石文の釈読にあたっては、個々の文字を確定していくことがまず行わなければならない基本作業であり、隅田鏡銘の場合もそれは同じである。ただ、この銘文については、左右が逆になった文字（左文字）や明らかに誤ったとみられる文字が含まれてお

隅田八幡宮人物画像鏡と銘（隅田八幡神社所蔵）

り、文字の大きさも一定していない。つまり、隅田鏡の製作者が文字を知らなかった可能性が考えられるのであり、本来銘に記すべき文章（あるいは本来銘に記されていた文章）が、鏡を製作するにあたって正しく鋳出されなかったということも考慮しなければならない。この点は、隅田鏡銘の解釈を一層困難なものとしているが、ここでは、釈読をめぐって議論の多い部分はひとまず措き、ほとんど異論のない部分の文章から銘文全体の主旨を考える、ということから始めたい。

冒頭の文字

第1字の「癸」は、文字そのものからすれば、文章の最後に置かれる「矣」の異体字とみるのが妥当であるが、文章の始まりを示すとみられる「▲」印がその前に（最後の文字である第48字の「竟」と重なるようにして）記されており、文頭にある文字を「矣」とみることはできない。続いて「未年八月」とあることからすれば、第1字は通説のとおり、「癸」と記すべきところを誤って「矣」と記した、とみて間違いないであろう。

字音による表記

また、第15～18字の「意柴沙加」は「オシサカ」という地名を、第21～22字の「斯麻」は「シマ」という人名を、それぞれ漢字の音を借りて表記したものであり、倭語の固有名を漢字の音で表記する（しかも一字一音の原則で表記する）というのは、稲荷山古墳《いなりやまこふん》出《しゅつ》土鉄剣銘《どてつけんめい》や、江田船山古墳《えだふなやまこふん》出土《しゅつど》大刀銘《たちめい》と同じである。この隅田鏡銘において、ほかに倭語の固有名が記されているとするならば、それも漢字の音（一字一音の原則）で表記されているとみなければならないであろう。

左文字と省略形

また、第26字は「遣」の左文字であり、第42字の「同」と第48字の「竟」は、それぞれ「銅」「鏡」の省略形と考えられる。第25字の□については、「奉」と読むのが妥当であろう。「寿」と読む説もあるが、それは第24字と合わせて「長寿」という熟語になることに引かれた解釈であり、銘文の文字は明らかに「奉」である。ただし、本来の銘文には「寿」とあったものを、隅田鏡の作者が誤って「奉」と書いたという可能性は否定できない。

銘文の主旨

右の諸点が認められるならば、釈読上議論の多い部分（□部分）を除いても、銘文の主旨は、「癸未年」に「意柴沙加宮」に在った王のもとに「斯麻」が「□中費直穢人今州利」の二人を遣わし、「此竟」（この銅鏡）を作らせた（あるいは献上させた）、というものであると推定できる。

銘文の主体と意柴沙加宮の王

銘文は単に吉祥句を並べただけではなく、具体的な内容を有しており、その内容からすれば、この銘文の主人公は斯麻、鏡の製作主体も斯麻とみるのが妥当である。また銘文では、斯麻と意柴沙加宮に在った王との関係が主題となっているのであり、その王は倭王その人と解するのが自然であろう。第6〜12字の部分がまったく読めなかったとしたら、おそらく誰もがそのように解釈したであろう。第8字が「大」とも読め、第8〜9字で「大王」となり、第12字が「弟」とも読めることにより、意柴沙加宮にあった王を大王とは別の王とみて、大王の弟とする解釈や、「□弟」という名の王（やはり大王とは別の王）とする解釈が生じるのである。しかし銘文の主旨からすれば、意柴沙加宮は大王宮であったとみるべきであろう。

「癸未年」は五〇三年

銘文の主旨を右のように解したうえで、個々の部分の解釈に進みたい。

まず、冒頭の「癸未年」であるが、これはふつう考えられているとおり、この鏡が製作された（あるいは製作されて献上された）年を示しているとみてよいであろう。問題は、この「癸未年」が西暦にして何年にあたるかという点であるが、近年の考古学上の鏡の年代観からすると、五〇三年とみるのが妥当のようである。車崎正彦は次のように述べている（車崎正彦「隅田八幡人物画像鏡の年代」）。

五〇三年説の根拠

① 隅田鏡は神人歌舞画像鏡《しんじんかぶ》を原鏡として、それを模作した倭鏡《わきょう》である。

② 原鏡の神人歌舞画像鏡の同型鏡は九枚以上が知られ、いずれも五世紀後半から六世紀前半造営の古墳から出土している。

③ したがって、隅田鏡の原鏡となった神人歌舞画像鏡は、倭の五王の遣使朝献にともなってもたらされた、中国南朝宋代の踏《ふ》み返《かえ》し鏡の一つと考えるのが妥当である。

④ また、隅田鏡の半円方形帯《はんえんほうけいたい》は神人歌舞画像鏡にはない紋様帯であり、隅田鏡の原鏡としては、神人歌舞画像鏡とは別のもう一枚が想定できる。

⑤ その原鏡は画紋帯《がもんたい》四仏《しぶつ》四獣《しじゅう》鏡と考えられ、それを原鏡とした倭鏡には、奈良県當麻《たいま》町（現在の葛城市）の平林《ひらばやし》古墳出土の鏡をはじめとする一群の鏡（交互式《こうごしき》神獣《しんじゅう》鏡）がある。

⑥ それらを出土する古墳はいずれも六世紀代の造営であり、「癸未年」は五〇三年にあたるとみるのが妥当である。

稚拙な隅田鏡の図像

なお隅田鏡については、原鏡の図像を正確に写していない稚拙な出来であるということも注意される。それは、銘文の文字に左文字や誤りがあり、大きさも不揃いであるということと対応した現象といえよう。

斯麻は武寧王

次に、銘文の主人公である斯麻であるが、これについては百済の武寧王に当てる説が有力である。武寧王は、『三国史記』によれば名を斯摩（あるいは隆）といい、東城《とうじょう》王が死去した年（五〇二）に即位し、二十三年（五二三）五月に死去したとある。武寧王陵から発見された墓誌銘にも「百済斯麻王」の表記がみえ、「寧東大将軍百済斯麻王、年六十二歳、癸卯年五月丙戌朔七日壬辰崩」とあり、両者の記述は一致している（癸卯年は五二三年にあたる）。また、武烈紀四年是歳条には、この年（五〇二年）に島王が即位し、これを武寧王といったとあり、同条に引く「百済新撰《くだらしんせん》」にも武寧王の諱を「斯麻王」と記している。

「□中費直穢人今州利」の二人

隅田鏡銘の「斯麻」が武寧王を指し、「癸未年」が五〇三年にあたるとすれば、即位後まもない武寧王が倭に使いを送ったことになり、「斯麻」と「癸未年」は整合性を持つことになる。またこのように解釈するならば、「□中費直穢人今州利二人□」については、武寧王が百済から遣わした人物とみなければならない。

「□中」の読み

「□中費直」の「□」（第27字）については、従来、「開」と読み「開中」で「カフチ」と読む（すなわち倭の地名である河内を表記したものとする）のが一般的であった。しかしそれは、文字そのものに基づくというよりは、欽明紀二年（五四一）七月条の分注に「百済本記《くだらほんき》」にいわくとして「加不至費直」の名がみえ、同一人物が欽明紀五年（五四四）二月条などに「河内直」と記されていることに基づくところが大きいといってよい。また、すでに指摘があるとおり、銘文の文字が「開中」であったとしても、それを「カフチ」（河内）と読むのは困難である（蔵中進「「カフチ」考―「河内」と「開中」―」）。銘文において、倭語の地名の「カフチ」を表記するのであれば、それは「加不至」のような漢字の音を使った表記であったはずである。

山尾幸久の見解

「□中費直穢人今州利二人□」について、説得力のある見解を示しているのは山尾幸久である（山尾幸久『日本古代王権形成試論』、同『古代の日朝関係』など）。その見解はおよそ次ように要約できる。

①「□中費直」の「□中」は、『南斉書』百済伝に載る東城王の上表文にみえる「面《めん》中《ちゅう》」「八中《はっちゅう》」「辟中《へきちゅう》」「弗中《ふっちゅう》」などと同じく、百済の地名である。「辟中」は神功《じんぐう》紀摂政四十九年三月条にも百済の地名としてみえる。

②「□中費直」の「費直」は、本来百済において使用された呼称であり、一定地域の人間集団（コホリ）の長で、王に仕える地位（チカ）にあった人物を指す呼称である。継体紀二十三年（五二九）三月条に「加羅己富利知伽未詳」とみえる「己富利知伽」（コホリチカ）がそれにあたる。

③「穢人《わいじん》」は「□中費直」の名とみられなくもないが、出自を示す語とみるべきであり、「今州利《こんつり》」はその穢出身の人物の名である。したがって、「二人」という

のは「□中費直」と「穢人今州利」の二人である。「□中費直」は名が記されていないことになるが、名を記さない人物と記す人物とを続けて書く例は、欽明紀二年（五四一）七月条の分注に引く「百済本記」に「加不至費直・阿賢移那斯《あけえなし》・佐魯麻都《さろまつ》」とあるようにほかにもみえる。

④ 第38字は、一般には「等」と読まれているが、「二人等」という表現は不自然であり、この銘文の文章では「等二人」とならなければならない。第38字は「尊」と読むべき文字であり、この場合の「尊」は重臣高官を示す尊である。

武寧王と意柴沙加宮の王

第27〜38字の「□中費直穢人今州利二人□」の解釈について、右の山尾説が認められるならば、いうまでもなく、斯麻は百済の武寧王ということになる。そして、その武寧王が「長奉」を念じて使いを遣わした意柴沙加宮に在ると王は、倭王（倭の大王）その人と解するのが妥当、ということにもなるであろう。

百済王が倭王に対して「長奉」という従属の立場を表明するという点に疑問が持たれるかもしれないが、高句麗の南下に対抗しつつ、加耶地域への進出をはかっていた当時の百済王にとって、倭王に従属的姿勢を示すことが得策と判断されたとして不思議ではない。また、隅田鏡の銘文そのものは、百済王の斯麻ではなく斯麻に派遣された□中費直らによって作成され、□中費直らが倭王に配慮した文章を作成したということも考えられる。さらには、先に述べたとおり、ここは本来「長寿」とあった可能性も否定できないのである。

第6～13字の読み

次に、第6～13字の「□十□王年□□王」であるが、まず第6～9字の「□十□王」については、第6字は「日」と読む説と「曰」と読む説、第8字は「大」と読む説と「六」と読む説に分かれる。第8字を「六」と読む説では、第6字は「日」と読み、「日十六」で区切り、続く「王年□□王」を一区切りの語句として読むことになる。

第6字の読み

第6字は、銘文の文字そのものとしては「日」とも「曰」とも決し難いが、「癸未年八月」に続く文字であることからすれば、「日」と読んだ方がよいといえよう。日にちをいう場合、「日十六」あるいは「日十」というのは、本来の銘文の表記とは考え難いが、「癸未年」の「癸」を誤って記していることからすると、日にちについても誤って「日」を先に記し、「日十六」あるいは「日十」となったとして不思議ではない。

第8字の読み

第8字は、文字そのものとしては「大」の左文字とみるのが妥当であろうが、「六」である可能性も否定できない。また、本来の銘文には「六」とあったものを、「大」と誤って記したということも考えられる。その場合、続く「王年□□王」については王である「年□□王」と読み、「年□□」をその王の名を漢字の音で表記した部分とみるのが妥当であろう。「年」で始まる固有名というところに不自然さはあるが、第10字の「年」は、本来はほかの文字であった可能性も考えられるのである。

第８字を「大」と読んだ場合

第8字を「大」と読めば、それは第9字と続けて「大王」となり、その場合、第6～7字の「日(曰)十」は、大王の名を指すと解釈されることが多い。しかし、「癸未年八月」に続いて大王の名を表記する場合、日にちを示す「日」、あるいはそれと紛らわしい「曰」の字を使用し、さらに数字の「十」の字を使用して表記するというようなことがあり得るであろうか。また、先に述べたとおり、銘文の主旨からして、意柴沙加宮に在る王は当時の倭王(大王)その人とみるべきであり、銘文に二人の王(大王)の名が記されていると解すること自体に疑問が持たれるのである。もし、本来の銘文において、第8～9字が「大王」であったならば、その場合は「日十」で区切り、続く「大王年□□王」については「王年□□王」の場合と同様、大王である「年□□王」と読むべきであろう。

第10～13字の読み

これまで一般的には、第10字の「年」で区切って読み、「日(曰)十大王年」をその大王の時代という意味に解してきたが、「年」をそのような意味に解するのはいかにも不自然である。もしそのような意味の語であったならば、それは「大王世」とでも記されたはずであろう。

また、これまでは第11〜13字の「□□王」を一区切りの語とみて、意柴沙加宮に在った王を指す語と解してきたのであり、第11字は「男」、第12字は「弟」と読むのが一般的であった。そして「男弟」については、弟を指す普通名詞と解する説と、王の名を表記した固有名詞とみる説とに分かれている。後説においては、「男弟」を「ヲオト」と読むことが多いが、これは、倭の固有名は漢字の音で表記されるという表記法に反する読みであり、成立し難い。

意柴沙加宮の王の名

第11字については、「乎」あるいは「孚」と読む説もあり、「ヲト」で継体の名の「ヲホト」、「フト」で継体の別名とされる「彦太尊《ひこふとのみこと》」の「フト」にあたるとするのである。しかし、第12字も「弟」とは断定できない字体であり、たとえ「弟」であったとしても、それが本来の銘文の文字を正しく記しているとも限らないのである。

第10字の「年」も、本来の銘文ではほかの文字であった可能性があり、第10〜12字は、王（あるいは大王）の名を漢字の音を借りて表記した部分と解するのが、最も蓋然性の高い解釈といえよう。いずれにせよ、銘文の文字そのものが不明確であることは認めなければならないのであり、隅田鏡銘からは、「癸未年」（五〇三年）に「意柴沙加宮」に在った王は時の大王と考えられるが、その名は不明である、とせざるを得ないのである。

意柴沙加宮の王と継体

『日本書紀』によれば、右の「癸未年」は武烈五年に相当するが、この頃の『日本書紀』の記述をそのまま事実とみることはできず、第一章の六「雄略死後の政治過程」で述べたとおり、武烈の実在自体も疑問である。また、記紀において、オシサカ宮を王宮とした天皇は伝えられていない。

『日本書紀』が継体の即位年を丁亥年（五〇七年）とするのも確実ではないが、癸未年（五〇三年）が継体即位以前であることは認めてよいと考えられる。これも第一章の六で述べたが、武烈紀四年是歳条に「百済新撰」を引用し、この年（五〇二年）に武寧王（斯麻）が即位したとあることは、『日本書紀』編者が武寧王の即位を継体即位前と認識していたことを示すものである。その認識自体は事実に基づくものとみてよいであろう。「癸未年」に「意柴沙加宮」に在った王が記紀に伝えるどの天皇に比定されるかは、比定されない場合も含めて不明とせざるを得ないが、それは継体の一代前の王（大王）であったと考えるのが妥当であろう。

隅田鏡と銘文

なお、隅田鏡銘の主旨が、百済の武寧王が倭王への奉仕を示すため（倭王と親交を結ぶため）に「此竟」を作らせた（あるいは献上させた、送らせた）というものであれば、隅田鏡が原鏡の図像を正しく写していない鏡であり、その銘文にも誤りがあるような鏡であるという点は、どのように説明できるのであろうか。

銘文の「此竟」

銘文からは、銘文にいう「此竟」が、意柴沙加宮に在った王（大王）に献上する（送る）ために製作されたものなのか、あるいは斯麻が倭王に「長奉」（「長寿」）を念じて、「□中費直穢人今州利」の二人を遣わしたという事実（倭王と斯麻との関係）を確認し記念するために、斯麻（または斯麻が遣わした二人）の手元に残しておくものとして製作されたのか、いずれであるのかはっきりしない。

「此竟」と隅田鏡

前者であった場合、隅田鏡そのものを倭王に献上された（送られた）鏡とみるのは困難である。隅田鏡は失敗作であったか、あるいはその鏡を模作した鏡であり、実際に献上された（送られた）鏡は別にあったとみなければならない。その鏡は未発見であるか、あるいはすでに失われてしまったかのいずれかであろう。そしてこの点は、後者であった場合も同様に考えられる。斯麻側が、誤った文字や左文字を含む銘文の鏡を、記念として手元に置いたとは考え難いからである。

隅田鏡の由来

隅田鏡がどのような経緯で隅田八幡宮の所蔵するところとなったかは不明であるが、

一般には、もとは付近の古墳の副葬品であったとみられている。隅田鏡を倭王（大王）に献上された（送られた）鏡そのもの、あるいは斯麻側の手元に残された記念の鏡そのものと考えるならば、それがなにゆえ隅田八幡宮付近の古墳に副葬されたのか、その理由を説明するのは困難であるが、右のように考えるならば、それが何らかの経緯で隅田八幡宮付近の古墳の被葬者の手に渡ったとして不思議はないといえよう。

意柴沙加宮王は継体ではない

以上長々と述べてきたが、要するに、隅田鏡銘にいうところの「癸未年」（五〇三）に「意柴沙加宮」（大和の忍坂宮）に在った王は、継体ではないと考えられるのであり、継体の即位事情については、先に本章の二で述べたように考えて何ら問題はないといえるのである。

第四　継体朝の内政

一　大伴氏と物部氏——氏姓制の成立——

継体と連姓氏族

前章で述べたように、継体は前大王との血縁関係はなく、地方から大和《やまと》に入って即位した大王であったと考えられる。記紀には諸豪族の総意によって擁立《ようりつ》されたように記されているが、実際は継体の即位に反対する勢力もあったと推定される。このような形で即位した継体にとって、諸豪族の統制が急務と認識されたであろうことは想像に難くない。五世紀後半段階における倭政権は、有力豪族による連合政権的性格が強かったと考えられるが（第一章「継体即位前の時代」参照）、継体は、そのような状況から脱却し、諸豪族を王権のもとに組み込もうとしたことが推定されるのである。

前章の一「記紀の伝承」で引用した『日本書紀』の継体元年（五〇七）二月条（5）のなかには、継体の即位にともなってもとのとおり大伴金村《おおとものかなむら》が大連《おおむらじ》に任命され、許勢男人《こせのおひと》が大臣《おおおみ》、物部麁鹿火《もののべのあらかひ》が大連に任命されたとの記事がみえる。

ここでは、その記事の信憑性について検討するとともに、継体と大伴・物部両氏との関係、さらには連姓氏族との関係について考えてみることにしたい。

許勢男人の大臣任命

まず許勢男人の大臣任命であるが、これについては、『古事記』には許勢男人の名さえもみえないことなどから、今日では事実ではないとするのが一般的である。『続日本紀《しょくにほんぎ》』天平勝宝《てんぴょうしょうほう》三年（七五一）二月己卯《つちのとう》条には、雀部朝臣真人《ささべのあそみまひと》から、継体・安閑《あんかん》朝の大臣の巨勢《こせ》（許勢）男人は雀部男人の誤りであるから訂正してほしいとの請願があり、それを大納言《だいなごん》であった巨勢朝臣奈氏麻呂《なてまろ》が証明して、その請願が認められたという記事がみえる。すでに指摘があるとおり、『日本書紀』の成立からわずか三十年ほどのちにこのような異伝が生じ、しかもそれを当時の巨勢氏の長とみられる奈氏麻呂が証明しているということは、許勢男人が実在の人物ではなかったからと考えられる（直木孝次郎「巨勢氏祖先伝承の成立過程」、加藤謙吉『蘇我氏と大和王権』など）。

金村・麁鹿火の大連任命

それでは、許勢男人を除いた大伴金村・物部麁鹿火の大連任命は事実とみてよいであろうか。右の任命記事においては、大連大伴金村→大臣許勢男人→大連物部麁鹿火の順で記されており、大連物部麁鹿火があとから付け加えられたような表現になっている。

このことからすれば、本来は、大伴金村の大連任命と許勢男人の大臣任命の記事のみであったことが推測できるであろう。しかしその本来の任命記事も、実在の人物とは考え難い許勢男人を含むのであるから、事実の伝えとみることはできない。

『古事記』（継体記）では、大伴金村と物部麁鹿火はそれぞれ「大伴金村連」「物部荒甲大連」と表記され、この二人が「磐井《いわい》の乱」の鎮圧に遣わされたという記事がみえる。その表記からは、金村が大連の職位に就いていたことはうかがえないのであり、荒甲（麁鹿火）の「大連」についても職位としての大連ではなく、敬称としての大連とみることができる。継体の即位にともなう「大連」「大臣」の任命は、大伴金村の「大連」も含めて疑わしいとしなければならないであろう。ただ、大伴金村と物部麁鹿火が実在した人物であることは、『古事記』にもその名がみえており、認めてよいと考えられる。大伴金村と物部麁鹿火が継体の即位を支持した中心的人物であったことも、事実と認めてよいであろう。

大伴室屋と金村

前章の二「即位事情」でも述べたが、『日本書紀』によれば、雄略《ゆうりゃく》の死後、継体の即位にいたるまで、一貫して大王（王権）を支えたのは、大伴室屋《むろや》とそのあとを継いだ大伴金村であったという。それは主として大伴氏の家記《かき》に基づいた記述と考えられるが、室屋は、允恭《いんぎょう》から武烈《ぶれつ》までの七代に仕えたとされる伝説的要素の強い人物である。実在した最初の大伴氏の人物は、金村であったといえよう。もちろん、大伴氏の前身集団は存在し、金村の父も実在したのであるが、大伴氏という氏（ウヂ）が成立した段階の最初の人物が金村ということである。

大伴氏の始祖

大伴氏は、天孫降臨《てんそんこうりん》（皇祖神アマテラスノミコトの孫であるニニギノミコトが、地上の世界を支配するために、神々の世界である高天原《たかまがはら》から日向《ひむか》の高千穂峰《たかちほのみね》に天降《あまふ》ったという伝承）の際に、ニニギノミコトを守護して天降ったとされるアメノオシヒノミコトを始祖とするウヂである。つまり、王権発足の当初から大王に仕え、それを支えたウヂとされる。事実、六、七世紀の段階においては、大王の身辺や宮の警護などを職掌とし、反乱の鎮圧、朝鮮半島への出兵などにも活躍したウヂであった。

大伴氏の成立

「大伴」は、大王に仕える伴（トモ）を統率する、あるいはそれを代表するという意味のウヂ名であり、本来特定の職掌を持たなかったとする指摘もなされている（直木孝次郎「大伴氏と軍事的伴」）。つまり大伴氏は、さまざまな職掌を持った集団が大王に仕えるという部民《べみん》制（伴造《とものみやつこ》—部《べ》制）が成立し、職名がウヂ名となるその当初から存在したウヂとみることができよう。継体即位の段階では、いまだウヂ名は未成立であり、「大伴」のウヂ名と「連」のカバネを持った大伴氏も未成立であったと考えられるが、金村が実在し、継体朝に活躍したことは事実とみてよく、大伴氏は、金村が継体の即位を支持したことを契機にして成立したウヂと考えることができる。

物部氏の始祖

この点は物部氏についても同様である。物部氏は、神武《じんむ》の東征《とうせい》（日向に天降ったニニギノミコトの子孫である神武が、日向を出発して東進し、大和を平定して橿原《かしはら》宮で初代天皇として即位したという伝承）に先立って（あるいはそれを知って）、大和に天降ったとされるニギハヤヒノミコトを始祖とするウヂである。「物部」というウヂ名は、まさに部民制が導入されたことによって成立したウヂ名であることを示しており、物部の統率を職掌としたウヂと考えられる。

物部氏の職掌

物部氏の職掌については、本来は警察的任務にあったとする説が有力であるが（直木孝次郎「物部連に関する二、三の考察」）、朝廷の祭祀をつかさどることにあったとする説や（志田諄一「物部氏伝承の性格」）、生産技術集団の統率にあったとする説もある（野田嶺志「物部氏に関する基礎的考察」）。物部氏も、本来特定の職掌を持たずに、広く王権に奉仕したウヂと考えるのが妥当であり、「物部」のウヂ名は、部民制が導入されたその当初（さまざまな職掌に分化した多くの部が成立する以前の未分化な段階）に成立したウヂ名とみることができよう。

次章で取りあげる継体朝の外交関係記事のなかには、「百済本記《くだらほんき》」にいわくとして「物部至《ち》至《ち》連」の名がみえており（継体九年〈五一五〉二月丁丑《ひのとうし》条の分注）、「物部」のウヂ名や「連」のカバネは、継体九年の段階では成立していたと推定される。物部氏の場合も、麁鹿火が継体の即位を支持したことを契機に成立したウヂと考えてよいであろう。

連姓のウヂと臣姓のウヂ

ところで、大伴・物部両氏は連を姓（カバネ）とするウヂの代表であるが、連姓のウヂ（連姓氏族）と臣姓のウヂ（臣姓氏族）とはどこが違うのであろうか。今日における通説的理解は、およそ次のようなものであろう。

連のカバネのウヂは、職掌名をウヂ名とする伴造のウヂであり、もともと王権に従属していたウヂである。それに対して臣のカバネのウヂは、地名をウヂ名とし、もとは王家とともに連合政権を構成していたウヂである。

たしかに、連姓のウヂは職掌名をウヂ名とするものが多く、臣姓のウヂは地名をウヂ名とするものが多い。しかし、そうではない例も少なくないのであり、たとえば尾張《おわり》連・茨田《まむた》連・阿刀《あと》連氏などは、地名をウヂ名とする連姓のウヂであり、膳《かしわで》臣・采女《うねめ》臣・宍人《ししひと》臣などは、職掌名をウヂ名とする臣姓のウヂである。

出自の違いとウヂ

そこで、連姓と臣姓の違いはその出自（系譜）によるとする説も提出されている。すなわち、連姓は大王家（天皇家）とは異なる系統の神をその始祖とするウヂ（のちにいう「神別」）であり、臣姓は大王家（天皇家）の人物を始祖とするウヂ（のちにいう「皇別」）であるというのである。しかしこの場合も、対応しない例が少なくない。たとえば、出雲《いずも》臣・穂積《ほづみ》臣・采女臣などの臣姓のウヂは「神別」であり、茨田連・猪使《いつかい》連・小子部《ちいさこべ》連・日下部《くさかべ》連などの連姓のウヂは「皇別」である。

臣・連のカバネの違い

臣・連のカバネの違いが出自によるものではないことは、記紀の系譜記事に、同一の始祖のもとに異なったカバネのウヂが掲げられている例のあることからも明らかである。たとえば『古事記』（神武記）には、神武の子の神八井耳《かむやいみみ》命を始祖とする氏として、「意《お》富《ほ》臣・小子部連・坂合部《さかいべ》連・火《ひ》君・大分《おおきた》君・阿蘇《あそ》君・筑紫三家《つくしのみやけ》連・雀部臣・雀部造・小長谷部造《おはつせべのみやつこ》・都祁直《つげのあたい》・伊余《いよ》国造《のくにのみやつこ》・科野《しなの》国造・道奥石城《みちのくのいわき》国造・常道仲《ひたみちのなか》国造・長狭《ながさ》国造・伊勢船木《いせのふなき》直・尾張丹波《たには》臣・島田《しまだ》臣」の名がみえており、これによれば、臣と連だけではなく、君・直・造などのカバネのウヂが同一の始祖を称しているのである。

要するに、臣・連などのカバネの違いはウヂの職掌や出自（系譜）の違いによるのではなく、それ以外に理由を求めなければならないということである。もちろんカバネは大王への従属を示す身分標識であるから、カバネの違いは大王との関係のあり方の違いによって生じたものと考えなければならない。

ワカタケル大王の時代の「臣」

第一章の三「稲荷山古墳出土鉄剣銘と江田船山古墳出土大刀銘」で述べたとおり、五世紀後半のワカタケル大王の時代においては、大王に仕える支配組織の構成員（実質的ウヂ）は均しく「臣」を称していたと考えられる。そしてそれはカバネに通ずる性格を持った称号であり、大王に仕える臣下であることを示す称号であった。カバネの臣の前身がこの「臣」の称号に求められることは間違いないであろう。

とするならば、それが臣・連などに分化したのは、その後大王のあり方に変化が生じたこと、すなわち六世紀初頭に継体が即位したことを契機としたのではないか、との推測が、当然導き出せるであろう。ここにおいて、継体の即位を支持したと考えられるウヂ（その前身集団）は連をカバネとするウヂが多いということが、改めて注意されるのである。

継体の即位と連姓氏族

まず、連姓氏族を代表する大伴・物部両氏が、金村・麁鹿火が継体の即位を支持したことを契機に成立したウヂと考えられることは右に述べたとおりである。また、継体の妃の出身集団である尾張連氏（その前身集団）や茨田連氏（その前身集団）も、継体を支持した集団と考えてよいであろう。「尾張」「茨田」はいうまでもなく地名であるが、地名をウヂ名とするウヂで連をカバネとする例が少ないのは事実であり、その少ない例のうちの二例が継体妃の出身氏族としてみえるということは、偶然ではあるまい。

「連」のカバネ

継体の即位にあたっては、それまで均しく「臣」を称していた支配組織の構成員（実質的ウヂ）や、支配組織に組み込まれていなかった諸豪族が、即位を支持する一族とそうではない一族とに分かれたことが推定されるのであり、そのうち継体を支持した一族に「連」の称号が与えられた、ということが推定されるのである。

「皇別」「神別」の成立時期

「連」がはじめから伴造職にある一族に賜与されるカバネとして成立したものであるならば、膳臣・采女臣・宍人臣なども、例外なく「連」を称したはずである。そうはならなかったのは、膳臣などの職にあった一族はその職に就く以前から「臣」を称していたから、と考えるほかはないであろう。また、王統が一つの血統に固定化されるのは、第七章の四「王統の形成」に述べるように六世紀中ごろの欽明《きんめい》・敏達《びだつ》朝（結果的には継体に遡る）と考えられるのであり、臣のカバネを称するウヂの多くが「皇別」の系譜を持ち、連のカバネを称するウヂの多くが「神別」の系譜を持つことも事実ではあるが、それぞれ例外が存在するということは、やはり「臣」と「連」との違いは、「皇別」と「神別」の違いの成立する以前から存在していたから、と考えるほかはないであろう。

継体の即位と「連」の成立

これらの点からも、継体の即位を契機に「連」の呼称が成立し、臣と連のカバネが成立したとみるのが妥当と考えられるのである。従来から存在した「臣」という身分標識に加えて、「連」という身分標識が成立した段階で、大王との関係の違いによって異なった身分標識が賜与されるというカバネの制度が成立したといえるのである。氏姓《しせい》制（ウヂ・カバネ制）の成立時期は、継体朝に求められるということになる。

「連」のカバネの成立

そしてその場合の「連」は、ムラジ（群《む》れ主《あるじ》）という倭語を漢字の連で表記したものではなく、大王に「つらなる」という意の漢語の連（レン）であると解釈するべきであろう。それまでの身分標識である「臣」が漢語の臣（シン）であったならば、「連」も当然、同様に解釈するべきであろう。「臣」がオミ、「連」がムラジと読まれるようになるのは、のちのことと考えられる。

また、大王との関係を示す身分標識が「つらなる」の意の連であったということは、「連」が当時の大王と連姓豪族との関係を象徴するものでもあったといえよう。もちろん、それは対等の関係であったということではないが、継体の段階においてはいまだ連合政権的性格が払拭されていなかったことが推定されるのである。連姓豪族の前身集団も、連合政権段階においては大王とともにそれを構成していた一員であったと考えられるのであり、その点は臣姓豪族と同じである。

諸豪族の統制とウヂ

継体は、先に述べたように、諸豪族の統制を急務と考え、自らを支持した豪族たちに「連」のカバネを賜与し、それをウヂに組織していったのであるが、いまだウヂを完全に自らの支配下に組み込むことはできなかったと考えられる。また継体朝の段階では、ウヂに組織されていなかった豪族も多く存在していたと推定されるのであるが、この点については第七章の三「蘇我氏の登場」で改めて述べることにしたい。

王権基盤の拡大

ただ、大伴氏・物部氏の成立ということは、それぞれ大伴金村・物部麁鹿火がワカタケル大王の時代の杖刀人《じょうとうじん》・典曹人《てんそうじん》の統率者に相当する地位に就いたということであり、継体朝における王権を支える組織は、ワカタケル大王当時のそれよりも、一段と大規模なものとして形成されていったことは間違いないと考えられる。前章で述べたように、即位前の継体が、近江を本拠としながらも淀川水系を掌握し、婚姻関係なども通してその拠点を各地に拡大していたとすれば、そのことからも継体の即位によって王権の基盤は拡大したことが指摘できる。

「連」の呼称と「連公」

なお、「連」の呼称に関しては、八・九世紀の系譜史料などに「連公《むらじのきみ》」「大連公《おおむらじのきみ》」の呼称がみえ、従来それは「連」「大連」に対する敬称であると考えられてきた。しか

石神遺跡出土木簡（奈良文化財研究所提供）

し近年、奈良県明日香《あすか》村の石神《いしがみ》遺跡から「石上大連公」と記した木簡《もっかん》が出土し、韓国の忠清南道《ちゅうせいなんどう》扶余郡《ふよぐん》扶《ふ》余《よ》邑《ゆう》双北里《そうほくり》遺跡（百済が都を扶余においていたころの遺跡）から出土した木簡にも「那爾波連公」の表記のあることが判明した。いずれも七世紀に遡る木簡であり、これらの新史料の出現により、「連公」「大連公」の呼称が改めて注目されることになった。すでに、天武《てんむ》十三年（六八四）の八色《やくさ》の姓《かばね》の「連」に遡るその前段階のカバネ表記であるとする説（平川南「百済の都出土の「連公」木簡―韓国・扶余郡扶余邑双北里遺跡一九九八年出土付札―」）、カバネの「連」とは直接関係ない、それに遡る呼称であるとする説（竹本晃「古代人名表記の「連公」をめぐって」）、「連なる公」という字義のカバネ表記であり、「連」の旧表記であるとする説（中村友一「地方豪族の姓と仕奉形態」）などが示されている。しかし「連公」「大連公」は、やはり従来考えられてきたとおり、「連」「大連」を称する人物に与えられた敬称とみるのが妥当であり（篠川賢「「連」のカバネと「連公」の呼称」）、「連」のカバネが成立してはじめて、「連公」の呼称が成立したと考えるべきであろう。

二　部民制の成立

部民制の性格

右にみたように、「物部」をウヂ名とする物部氏が継体朝に成立したとするならば、「部」の呼称、ひいては部民制も、継体朝に成立したということが考えられる。

部民制は、一般的には倭政権の職務分掌の制度であり、百済の部司制《ぶし》（穀部《こく》・肉部《にく》・馬部《め》などの十二の内官《ないかん》と、司軍部《しぐん》・司徒部《しと》などの十の外官《げかん》からなる行政制度）にならって成立したものとみられている。百済において部司制が整えられた時期は必ずしも明確ではないが、熊津《ゆうしん》（公州）に都が置かれていた時代（四七五〜五三八年）から王都を五部に分ける制度は存在したようであり（田中俊明「朝鮮三国の国家形成と倭」）、「部」の呼称が継体朝に百済から導入されたということは十分に考えられる。

用語の解釈

古代の史料には、額田部《ぬかた》・白髪部《しらか》・土師部《はじ》・馬飼部《うまかい》・蘇我部《そが》・巨勢部など某部の呼称が数多くみえるが、これらの部は、それぞれ何らかの役割をもって大王に奉仕することを義務づけられた集団である。また記紀には、御名代《みなしろ》・子代《こしろ》・品部《しなべ》・部曲《かきべ》などの部にかかわる用語がみえており、それらの語をどのように解釈するかは、部民制の内容を考えるうえで重要な問題になっている。

今日もっとも一般的な解釈は、品部は土師部・馬飼部など職名を帯びる部（いわゆる職業部）で、土師連・馬飼造などの伴造に率いられて朝廷に奉仕した集団、御名代・子代は額田部・白髪部など王名や宮名を帯びる部で、やはり伴造に率いられて王族・王宮に奉仕した集団、部曲は蘇我部・巨勢部などウヂ名を帯びる部で、それぞれのウヂが領有した集団、とするものであろう。しかし反対意見も多く、なかでも有力なのは、品部は御名代・子代なども含んだ部の総称であるとする説、子代は御名代とは異なり各ウヂが領有した部であるとする説、部曲は部民化されていないウヂの私的領有民を指すとする説などである。

「品部廃止詔」

『日本書紀』（孝徳《こうとく》紀）大化《たいか》二年（六四六）八月癸酉《みずのととり》条のいわゆる「品部《しなべ》廃止詔《はいしのみことのり》」には、次のような記述がみえる。

1　孝徳紀大化二年八月癸酉条

詔して曰《のたま》はく「原《たづねみ》れば夫《そ》れ天地陰陽、四時《よつのとき》をして相乱《あいみだ》れしめず。……而《しか》るに王《きみ》の名名《みなみな》に始めて、臣・連・伴造・国造《くにのみやつこ》、其の品部《しなじなのとものを》を分《わか》ちて、彼《そ》の名名《なな》に別《わ》く。

復《また》、其の民《たみ》と品部とを以て、交雑《まじ》りて国県《くにこほり》に居《はべ》らしむ。遂《つひ》に父子《おやこ》姓を易《か》へ、兄弟《はらから》宗異《こと》に、夫婦《をうとめ》更《かはるがはる》互《たがひ》に名殊《なこと》ならしむ。……粤《ここ》に、今の御寓天皇《あめのしたしらすめらみこと》より始めて、臣・連等《たち》に及《いた》るまでに、所有《たもて》る品部は、悉《ことごとく》に皆罷《みなや》めて、国家《おほやけ》の民《おほみたから》とすべし。……

この記述からすれば、品部は、天皇から臣・連らに至るまでが所有しているというのであるから、すべての部を指すとみるのが妥当であろう。

部曲

また、大伴部・物部・中臣部《なかとみべ》などの職名を名とする部を、ウヂの名を帯びるからといってそのウヂが領有した集団（部曲）とみるのは不自然であり、蘇我部・巨勢部など（地名を名とする部）も含め、それらは部曲ではなく部（品部）の一種とみるべきであろう。したがって部曲については、部（品部）ではないウヂの私的領有民を指すとする説が妥当ということになる。右の「品部廃止詔」に「其の民と品部とを以て、交雑りて国県に居らしむ」とある「其の民」が、部曲にあたると考えられる。

部の構成

一方、部の構成については、朝廷に出仕し何らかの職務に従事した人々であるトモと、そのトモを出仕させ、それを資養する義務を負わされた在地の集団であるべとの二つに分けて捉えるのが一般的である。部は全国各地に設置されたのであり、各地から出仕してきたトモを率いたのが中央の伴造であり、各地のベ集団を現地で統率したのが地方の伴造である。「職名＋カバネ」の呼称はこれらの伴造に対して与えられた呼称であり、「地名＋カバネ」の呼称も、その地名を帯びた部が設置された場合は、やはり伴造としての性格を持っていたとみてよいであろう。

伴造

伴造は「臣・連・伴造・国造」と連称されることが多い。「造」は、本来は臣・連の場合と同様、漢語の造（ゾウ）であった可能性が高いが、倭語ではふつう「ミヤツコ」と読まれている。「ミヤツコ」は「宮ツ子」あるいは「御奴」の意であり、大王の従者を指す語である。また、「伴造・国造」が「臣・連」とは区別され、それより下に連称されることからすると、伴造の職（地位）に就いたのは、一般には臣・連のカバネを持つ有力なウヂではなく、それより下位にあったウヂの人々であったと考えられる。

トモとベ

なお、部をトモとベに分けて捉えることに対しては、ベはトモを「部」と表記した（「部」の呼称を導入した）ことによって生じた新しい読みに過ぎないのであるから、二つに分けて理解するのは正しくないとの指摘がある。たしかに史料上の「部」は、上番勤務する人々と在地の集団とを区別せずに指した語と考えられる。しかし、「部」がこの二つの実体からなっていたことは認められるであろう。

また、「部」の呼称の導入は、単に従来からのトモを部と呼ぶようになったという名称の問題にとどまるものではなかった。従来のトモというのは、稲荷山《いなりやま》古墳出土の鉄剣銘や江田船山《えだふなやま》古墳出土の大刀銘にみえる杖刀人・典曹人がそれにあたるが、それは豪族であるヲワケやムリテ自身がトモとして組織されたのであり、その配下の集団までが杖刀人・典曹人に組織されたということではなかった。江田船山古墳出土大刀銘において、ムリテは自身の「統《す》ぶる所」（統治範囲）を失わないという願いを述べており、王権はムリテの統治内部にまでは及んでいなかったことが推定される。

「部」の呼称の導入

それに対して部の設置は、新しいトモを拡大するという面もあったであろうが、従来のトモ（豪族）の配下の集団（そのすべてであったとは限らないが）をも部とすることによって、王権の支配を豪族内部にまで及ぼそうとしたものであったと考えられる。つまり部民制は、単なる倭政権の職務分掌の制度ではなく、一般の人々を支配するための制度でもあり、また地方支配のための制度でもあったといえるのである。

部の設置

継体朝における部の組織はいまだ未分化で簡素なものであったと推定されるが、欽明以降の王族には、石上《いそのかみ》部・穴穂《あなほ》部・泊瀬《はつせ》部・額田部などの部名を帯びた皇子女名が多く現われるようになる。六世紀中ごろの欽明朝の段階では、種々の某部からなる部民制

部民制の成立時期

が成立していたとみてよいであろう。

この点については、六世紀後半の築造と推定される島根県松江《まつえ》市の岡田山《おかだやま》一号墳（墳丘全長約二十四メートルの前方後方墳《ぜんぽうこうほうふん》）出土の大刀銘に、「額田部臣」の名が記されていることからも推定できる。この頃には地方に部を設置することも行われていたのであり、「額田部臣」は、この地方（出雲地方）に設置された額田部の地方伴造の職を指す呼称と考えられる。おそらく、岡田山一号墳の被葬者がその地方伴造に任じられていたのであろう。一豪族としての岡田山一号墳の被葬者の領有する人々がすべて額田部とされたのか、あるいはそのうちの一部が額田部として設定されたのかは明らかではないが、部民制の施行により、倭政権の支配は間接的にせよ、地方豪族の配下の集団にも及ぶようになったのである。

岡田山一号墳出土大刀（六所神社所蔵）

三　国造制の成立

部民制には地方支配制度としての性格もあると述べたが、倭政権の地方支配制度といえば、国造制があげられるであろう。そしてこの国造制も、継体の即位を契機に成立した制度であったということができる。

倭政権の地方支配制度

かつて直木孝次郎は、『日本書紀』の継体紀の記述と神武天皇伝説との間には多くの類似点があり、継体朝の事実ないし所伝をもとに神武伝説が潤色・形成されたと考えられると説いた（直木孝次郎「継体朝の動乱と神武伝説」）。神武伝説のすべてが継体朝の事実・所伝に基づいて作られたものでないことは直木も認めるところであるが、両者に直木の説いたような関係のあることは認めてよいであろう。

国造制の性格

とするならば、神武紀の記述において、即位後の論功行賞として倭国造・葛城《かずらき》国造の任命がなされたとある点が注意される。国造制について論ずる場合、畿内《きない》の国造は特殊な存在として除外されがちであるが、畿内にも国造が任命されたところに国造制の特徴があったとみるべきであろう。つまり国造制は、王権の所在地や、中央政権を構成する有力豪族の蟠踞《ばんきょ》する地域に対しても、その地域をいくつかの範囲（国造のクニ）に分け、その統制を国造に任せるという制度であったと考えられるのである。

そしてそのように考えてよければ、そうした国造制を成立させた主体としては、地方から大和に入って即位した継体を考えるのが妥当ということになるであろう。いいかえれば、そのようにして即位した継体であったからこそ、王権の所在地である大和にも国造を置くことができたということである。神武紀に記される倭国造・葛城国造の任命は、継体朝における事実として考えられるのではなかろうか。

国造制の施行

一方、全国に国造が設置されたのは、記紀によれば十三代成務《せいむ》天皇の時であったとされる。

2 『古事記』（成務記）

大国《おほくに》小国《をくに》の国造《くにのみやつこ》を定め賜ひ、亦《また》国々の堺、及び大県《おほあがた》小県《をあがた》の県主《あがたぬし》を定め賜ひき。

3 『日本書紀』成務五年九月条

諸国《くにぐに》に令《のりごと》して、国郡《くにこほり》に造長《みやつこをさ》を立て、県邑《あがたむら》に稲置《いなき》を置《た》つ。並に盾矛を賜ひて表《しるし》とす。則ち山河《やまかは》を隔《さか》ひて国県《くにあがた》を分《わか》ち、阡陌《たたさのみちよこさのみち》に随ひて邑里《むら》を定む。

3に「国造」の語はみえないが、「造長」とあるのが国造を指していることは明らかであろう。

もちろん、これらの記事を事実の伝えとみることはできないのであり、これは、十二代景行《けいこう》天皇の時に、ヤマトタケル伝承に示されるように全国平定がなされ、それを受けて次の成務の時に全国支配の制度が整えられた、とする記紀編者の認識に基づいて作成された記事と考えられる。国造制の成立時期については、かつては四世紀末から五世紀初め頃とする説が有力であったが、今日では六世紀代に求める説が一般的である。

クニの画定

ただ、右の記紀の伝えにおいて注意されるのは、いずれも国造の設置を、その国（クニ）の境の画定をともなったものとしている点である。国造のクニは、地方豪族としての国造の支配範囲（勢力範囲）そのものではなく、中央政権によって設定された行政区としての性格を持つとみるべきであろう。クニとクニとの境界を、地図上に一線をもって画せるような境界とみることはできないが、国造のクニは、交通路上に設定された境界によって、互いに接する形で存在していたと考えられる。

そして、国造の設置がそのクニの境界の画定をともなったものであるならば、『日本書紀』崇峻《すしゅん》二年（五八九）七月朔《ついたち》条の次の記事が注目されるであろう。

4　崇峻紀二年七月朔条

近江臣満《あふみのおみみつ》を東山道《やまのみち》の使に遣して、蝦夷《えみし》の国の境を観《み》しむ。宍人臣雁《ししひとのおみかり》を東海道《うみつみち》の使に遣して、東《あずま》の方《かた》の海に浜《そ》へる諸国《くにぐに》の境を観しむ。阿倍臣《あへ》を北陸道《くるがのみち》の使に遣して、越等《こしら》の諸国の境を観しむ。

ここに「東山道」「東海道」「北陸道」の表記がみえるのは令制下の知識によるものであろうが、それを掲げる順序は、令制下において通常掲げられる順序（東海→東山→北陸）とは異なっており、具体的人名もみえることから、この記事は何らかの依るべき史料に基づいた信憑性の高い記事と考えられている（坂本太郎「日本書紀と蝦夷」）。

地方と国造制

ここでいう「境を観る」とは、すでに存在していたクニの境界をただ単に「見る」ということではなく、峠や川などの交通路上の境を、改めて国造のクニの境として設定するということであろう。そうでなければ、わざわざこのような使者を派遣することの意味はないといえよう。すなわちこの記事は、のちの東山道・東海道・北陸道の地域（東日本）に、国造制の施行を命じた記事とみることができるのである（原島礼二『古代の王者と国造』、平林章仁「国造制の成立について」など）。

またそうであるならば、国造制は、倭政権に服属した地方豪族を国造に任命していくことで漸次拡大していったというような制度ではなく、広範囲にわたって一斉に施行された制度であったということも推定されるであろう。とするならば、右の地域以外の西日本に対しては、これより以前のある時期に、広い範囲にわたって、ほぼ一斉に施行されたということが推定される。

国造に任命される豪族

国造に任命されたのは、一般的にはそのクニにおける最有力の豪族であったと考えられるが、クニの内部には、国造に任命された豪族のほかにも、多くの自立的な豪族たちが存在していたと考えられる（石母田正『日本の古代国家』）。それらの豪族たちは、国造制が施行される以前から、国造に任命される豪族を頂点とした重層的な統属関係、あるいは同盟関係を結んでいたのが一般的であったと推定される。国造のクニは多くの場合、こうした各地域の実態に基づいて設定されたと考えられる。国造制の施行は、そのような地域の関係を制度として固定化するという意味もあったといえよう。

国造制と「磐井の乱」

したがって国造制の施行は、国造に任命された多くの地方豪族にとっては歓迎すべきことであったと推定されるが、一部の有力豪族（その勢力範囲を分割して、いくつかのクニが設定されたような有力豪族）からは、当然それに対する反発があったであろう。継体朝における「磐井の乱」は、まさにこうした事件ではなかったかと推定されるのである。また、継体紀二十二年（五二八）十一月条には、磐井が討たれたのちに境が定められたと記されており、この点も、「磐井の乱」後にこの地域に国造制の施行されたことを推測させるものである。

国造制の内容

国造制の内容については不明な点が多いが、一般的には、国造は中央に対して、一族の男女を舎人《とねり》（大王や王族に近侍し、その護衛などに従事した男子）・靫負《ゆげい》（大王・王族の宮の警固などに従事した男子）・采女（大王に近侍し、食膳などに奉仕した女子）として出仕させること、必要に応じて軍役その他の力役を負担すること、特産物などを貢納すること、中央からの使者を接待することなどの義務を負ったとみられている。そして国造は、これらの義務を、クニを統括する地方官として、みずからの一族だけではなく内部の諸豪族を率いて果たしたと考えられるのである。

『隋書』倭国伝の記事

また、国造制の内容を考えるうえで重要なのは、『隋書《ずいしょ》』倭国伝《わこくでん》の次の記事である。

5 『隋書』倭国伝

軍尼一百二十人あり、なお中国の牧宰のごとし。八十戸に一伊尼翼を置く、今の里長の如きなり。十伊尼翼は一軍尼に属す。

ここにいう「軍尼」は「クニ」という和語を漢字の音で表記したものであり、クニノミヤツコ（国造）を指すとみてよいであろう。「国造本紀《こくぞうほんぎ》」にも百三十ほどの国造名が掲げられており、ここにいう百二十人と対応している。「伊尼翼」は「伊尼冀」の誤りで、「イナキ」という和語を表し、稲置を指すとみるのがふつうである。

記事の組織体制への疑問

この記事が信頼できるものであるならば、七世紀初めころの倭国においては、国造―稲置の二段階の地方行政組織が存在していたことになる。しかもそれは、一人の国造のもとに八十戸を管掌する稲置が十人ずつ置かれていたという、整然とした組織であったことになる。ただこの記事には、七世紀初めころの倭政権が、支配組織の整備を示そうとして中国側に伝えた情報が反映されている可能性が高く、この記事にいうとおりの整然とした組織が存在していたとは考え難い。

しかし、先に引用した成務紀五年九月条（3）に「国郡に造長を立て、県邑に稲置を置つ」とあることや、孝徳紀大化元年（六四五）八月庚子《かのえね》条の「東国国司《とうごくこくし》詔《のみことのり》」に「国造・伴造・県稲置」の表記があること（ここにいう「伴造」は地方伴造である）などを考えあわせるならば、国造のもとに稲置という地方官の置かれていたことは事実と認めてよいであろう。「東国国司詔」の「県稲置」は、ふつう「コホリの稲置」と読まれており、これに従えば、稲置の管掌範囲は「コホリ」と呼ばれていたことになる。

国造制の実態

また、国造のクニの内部には各種の部が設置され（允恭紀十一年三月丙午《ひのえうま》条や雄略紀二年十月丙子《ひのえね》条には、部は国造を通して設置されたとある)、それらを管掌する地方伴造も存在したのである。地方伴造には、国造の一族が任命された場合もあったであろうが、多くは国造以外の豪族が任命されたと考えられる。これらの地方伴造は、クニにおいては国造の統制下に置かれ、部の管掌者としては中央の伴造の統制下に置かれたのである。さらにクニの内部には、稲置や地方伴造に任命されていない豪族も多く存在したとみられるのであり、国造制は、クニの内部がすべて稲置の「コホリ」に分割されるというような、整然とした制度ではなかったと考えられる。

四　継体朝と屯倉制

屯倉制の性格

継体紀には、屯倉《みやけ》制にかかわる記事も存在する。継体八年(五一四)正月条の匝布《さほ》屯倉の設置記事と、継体二十二年(五二八)十二月条の糟屋《かすや》屯倉の献上記事がそれである。それぞれについて取りあげる前に、まずは屯倉制一般についてみておくことにしたい。

屯倉制は、従来倭政権の直轄地の制度であると考えられてきた。しかし、ミヤケは「屯倉」と書かれるだけではなく、「官家」「御宅」「三宅」などとも書かれ、「ミヤケ」

という語は、ヤ（屋）・クラ（倉）などからなる経営の拠点としての一区画（施設）を指す「ヤケ」に、尊敬の意を表す（大王との関係を示す）接頭語の「ミ」（御）が付いた語とみられている。したがって、本来は直轄地というよりも、それを経営する施設を指した語であり、さらに直轄地の施設以外にも、倭政権にかかわる施設は広くミヤケと呼ばれたことが推定される。

直轄地以外の施設

まず、那津《なのつ》官家（福岡県福岡市）・難波《なにわ》屯倉（大阪府大阪市）・児島《こじま》屯倉（岡山県倉敷市）など、軍事・外交・交通路上の要地に設置された倭政権の出先機関は、当然ミヤケと呼ばれたのである。児島屯倉については製塩との関係も考えられており、ほかに鉱山・製鉄などのために設置されたミヤケもあったとみられている。

また、先にもふれた孝徳紀大化元年（六四五）八月庚子条の「東国国司詔」には、「国司」（中央からの派遣官）が任務を遂行する際の注意事項の一つとして、「若《も》し名を求むる人有りて、元《はじめ》より国造・伴造・県稲置に非ずして、輙《たやす》く詐《いつは》り訴《うた》へて言《まう》さまく、我が祖《おや》の時より、此《こ》の官家《みやけ》を領《あづか》り、是の郡県《こほり》を治むとまうさむは、汝等国司《いましたちくにのみこともち》、詐《いつわり》の随《まま》に便《たやす》く朝《みかど》に牒《まう》すこと得じ」と記されている。これによれば、国造・伴造（地方伴造）・稲置なども「官家」（ミヤケ）を領していたことになり、この場合のミヤケは、国造・伴造・稲置が政務をとる場所、いいかえれば在地の豪族としてのそれぞれの居宅を指すと考えられる。

各地のミヤケ

孝徳紀大化二年（六四六）三月壬午《みずのえうま》条のいわゆる「皇太子奏《こうたいしのそう》」にも、皇太子中大兄《なかのおおえのおう》皇子《じ》（のちの天智《てんじ》天皇）が、「入部《いりべ》」五百二十四口と、「屯倉」百八十一ヵ所を献上すると奏したとあり、各地に設置された部ごとにミヤケの置かれていたことが推定される。これは、「東国国司詔」にいう地方伴造の領した「官家」（ミヤケ）に相当するミヤケであろう。つまり、各地の豪族が国造・伴造・稲置などに任命されると、その居宅（ヤケ）は大王との関係を持ったということで、ミヤケと呼ばれるようになったと考えられるのである。

直轄地としてのミヤケ

そして、直轄地としてのミヤケについては、従来は王権が直接開発した畿内のミヤケと、国造などの地方豪族が献上した地方のミヤケの二つのタイプに分けて考えるのがふつうであった。前者を前期型と呼んで五世紀以前から存在し、後者を後期型と呼んで六世紀以降に成立したと説かれたこともある。たしかに記紀には、十一代垂仁《すいにん》天皇以降、十六代仁徳《にんとく》・十七代履中《りちゅう》天皇の時代を中心に、王権による池溝《ちこう》の開発や屯倉の設置記事が数多く載せられている。しかし近年では、これらの記事は推古朝における事実を遡らせたものであり、直轄地としてのミヤケも六世紀以降に成立するとみるのが一般的である。

直轄地のミヤケの内容

直轄地としてのミヤケの内容については、欽明紀にみえる吉備《きび》の白猪《しらい》屯倉の話が参考になる。すなわち欽明十六年（五五五）七月に、蘇我稲目《いなめ》らを遣わして吉備の「五郡」に白猪屯倉を設置し、同十七年（五五六）七月に葛城山田直《やまだのあたい》瑞子《みつこ》を田令《たづかい》に任じた。そして同三十年（五六九）正月に、白猪屯倉の田《た》部の籍を検定するため、王辰爾《おうじんに》（船氏《ふねうじ》の祖）の甥の膽津《いつ》を吉備に遣し、同四月に、田部の籍を定めた膽津にその功により白猪史《ふひと》の氏姓を賜い、田令の副《すけ》（長《かみ》は瑞子）に任じた、というのである。

ミヤケの設置

これによれば、屯倉（ミヤケ）の耕作にあたったのは田部と呼ばれた人々であり、田部は籍によって把握されていたことになる。ただしこの籍は、令制下の戸籍のような、戸ごとにその成員のすべてを登録した戸籍とは異なり、田部の名のみを書きあげた籍と考えられる。また、ミヤケの設置は中央から有力者が派遣されて行われ、その経営には田令が派遣されたことも知られる。このような経営形態は一部の先進的ミヤケにおいてのみ行われたとの見方もあるが、地方に設置された直轄地としてのミヤケ（従来いうところの後期型ミヤケ）は、はじめからこのような形態のものとして成立したとみるべきであろう。

田部

田部は、その呼称からして部の一種とみられるが、先に述べたように、部の呼称の導入は継体朝のことと考えられるのであり、この点からも、田部を耕作者とするミヤケの成立は六世紀以降のことと考えられる。ただ、田部の呼称が成立する以前（部民制の成立する以前）から王権によってその直轄地が開発・設置されたということ自体は、十分考えられるであろう。記紀にみえる五世紀以前の畿内のミヤケ（従来いうところの前期型ミヤケ）のすべてを、推古朝のミヤケを遡らせたものとみることには、なお検討の余地があるといえよう。

匝布屯倉の設置記事

さて、継体紀にみえるミヤケであるが、まず、匝布屯倉の設置記事は次のとおりである。

6 継体八年（五一四）正月条

太子《ひつぎのみこ》の妃春日皇女《みめかすがのひめみこ》、晨朝《あした》に晏《おそ》く出《い》でて、常に異《け》なること有り。太子、意《みこころ》に疑ひて、殿《みや》に入りて見たまふ。妃、床《とこ》に臥《ふ》して涕泣《いさ》ち、惋痛《あつか》ひて自《みづか》ら勝《た》ふること能《あた》はず。太子怪《あやし》び問ひて曰《のたま》はく、「今旦《けさ》涕泣つること、何《なに》の恨《うらみ》有るか」とのたまふ。妃曰《もう》さく、「余事《あたしこと》に非ず。……嗣《みつぎ》無き恨、方《まさ》に太子に鍾《あた》れり。妾《やつこ》が名随《なしたが》ひて絶えむ」とまうす。是に、太子感《おもほ》し痛みたまひて、天皇に奏《まう》したまふ。詔して曰《のたま》はく、「朕《わ》が子麻呂古《みこまろこ》、汝《いまし》が妃《め》の詞《ことば》、深く理《ことわり》に称《かな》へり。安《いづくに》ぞ空爾《むな》しとして答へ慰むること無けむ。匝布屯倉を賜ひて、妃の名を万代《よろづよ》に表せ」とのたまふ。

ここに「太子」とあるのは勾《まがりの》大兄《おおえ》皇子（のちの安閑天皇）のことである。これによれば、妃の春日皇女は自分に子が生まれず、太子に継嗣のないことを嘆き、またこのままでは将来に自分の名も残されないと太子に訴えたため、太子は天皇（継体）にそのことを伝え、天皇はそれに応じて匝布屯倉を設置し、妃（春日皇女）の名を後代に伝えることにした、というのである。匝布屯倉の「匝布」は「佐保」と同じで、のちの大和国添上《そえかみ》郡内の地名（現在の奈良市佐保台《さほだい》町）と考えられる。

記事に対する疑問

この記事は漢文的文飾が著しく、内容も物語的であり、そのまま事実の伝えとみることはできない。また、春日皇女の名を伝えるために設置したということからすると、それは御名代としての春日部の設置を述べたものとも考えられるが、当時、「春日部」の呼称が成立していたか疑問である。

春日皇女のための屯倉については、安閑紀元年（五三四）十月条から閏十二月条にも記事があり、それによれば、安閑の皇后春日山田《かすがのやまだ》皇女（春日皇女）のために摂津《せっつ》の三島《みしま》に竹村《たかふ》屯倉を設置し、その土地は三島県主飯粒《いいぼ》（三島の地を本拠とした豪族と推定される）が献上し、大河内《おおしかわち》直味張《あじはり》（河内《かわち》国造に任命された人物と推定される）が提供した人々を田部としてその耕作にあたらせた、というのである。

継体朝に匝布屯倉が設置されたことは、事実とみてよいであろう。のちに全国各地に設置されていく春日部（とそのミヤケ）の先駆となったのが、この匝布屯倉であり竹村屯倉であったとみられるのである。

匝布屯倉設置の理由と意義

地方から大和に入って即した継体（およびその子の安閑・宣化）にとっては、王権の経済的基盤を大和にも置く必要があったのであり、そのため大和に匝布屯倉が設置されたものと考えられる（森公章「国造制と屯倉制」）。王権の直轄地としての畿内のミヤケも、継体朝に始まったといってよいであろう。五世紀以前にも時の大王によって直轄地が開発されたということはあったであろうが、王統（王家）が固定化される以前は、その開発地は必ずしも次の大王に継承されていかなかったのである。

次に、継体二十二年（五二八）十二月条の糟屋屯倉についてであるが、これは、「磐井の乱」後に磐井の子の葛子が父に連坐することを恐れ、贖罪として献上したというのであり、次章で「磐井の乱」を取りあげたのちに改めて考えることにしたい。

第五　「磐井の乱」とその意義

一　「乱」の経過

「磐井の乱」を伝える史料

「磐井《いわい》の乱」については、記紀をはじめとして、『筑後国風土記《ちくごのくにふどき》』逸文《いつぶん》（『釈日本紀《しゃくにほんぎ》』巻十三所引）や「国造本紀《こくぞうほんぎ》」の伊吉島造《いきのしまのみやつこ》条にも関係記事がみえる。いずれも継体朝の出来事としており、継体の時代に、筑紫《つくし》の豪族である磐井が中央政権側によって討たれたということは事実とみてよいであろう。一つの事件についてこれだけ多くの史料に記事があるということは、古代においては珍しいことであり、「磐井の乱」は八世紀以降の支配者層にとっても、大きな事件として認識されていたことが知られる。

最も詳しいのは『日本書紀』の記事であるが、まずは『古事記』の記事をみておくことにしたい。

1　『古事記』（継体記）の記事

品太王《ほむだ》の五世の孫、袁本杼命《をほどのみこと》、伊波礼《いはれ》の玉穂《たまほ》宮に坐《ま》しまして、天《あめ》の下《した》治《し》らしめしき。……此の御世に、竺紫君石井《つくしのきみいはい》、天皇《すめらみこと》の命《みこと》に従はずして、多《まね》く礼无《いやな》かりき。故《かれ》、物《もの》部《のべ》荒甲《あらかひ》の大連《おほむらじ》、大伴《おほとも》の金村《かなむら》連二人を遣はして、石井を殺したまひき。

継体記のこの記事は、竺紫君石井（筑紫君磐井）が継体の命に従わなかったため、物部荒甲（麁鹿火）と大伴金村の二人を遣わして殺害したという簡単なものである。ただ、『古事記』においては、仁賢《にんけん》記以降はいわゆる「帝紀《ていき》」的記事（天皇の系譜や宮・陵《みささぎ》などの記事）のみで、物語や事件についての記述のないのがふつうである。そのようななかで「磐井の乱」について記しているというのは、この事件が強く記憶に残されていたことを示すものといえよう。

『日本書紀』の記事は次のとおりである。

2 『日本書紀』継体二十一年（五二七）六月〜二十二年十二月条

(イ)二十一年の夏六月の壬辰《みずのえたつ》の朔《ついたち》甲午《きのえうま》（三日）に、近江毛野臣《あふみのけなのおみ》、衆《いくさ》六万《むよろづ》を率《い》て、任那《みまな》に往《ゆ》きて、新羅《しらき》に破られし南加羅《ありひしのから》・喙己呑《とくことん》を為復《かへ》し興建《た》てて、任那に合《あは》せむとす。是《ここ》に、筑紫国造《くにのみやつこ》磐井、陰《ひそか》に叛逆《そむ》くことを謨《はか》りて、猶預《うらもひ》して年を経《ふ》。事の成り難きことを恐りて、恒に間隙《ひま》を伺ふ。新羅、是《これ》を知りて、密《ひそか》に貨賂《まひなひ》を磐井が所《もと》に行《おく》りて、勧むらく、毛野臣の軍《いくさ》を防遏《た》へよと。是に、磐井、火《ひ》・豊《とよ》、二つの国に掩《おそ》ひ拠《よ》りて、使修職《つかへまつ》らず。外《と》は海路《うみつぢ》を邀《た》へて、高麗《こま》・百済《くだら》・新羅・任那等《ら》の国の年《としごと》に職貢《みつきものたてまつ》る船を誘《わかつ》り致し、内《うち》は任那に遣せる毛野臣の軍を遮《さいぎ》りて、乱語《なめりごと》し揚言《ことあげ》して曰《い》はく、「今こそ使者《つかひひと》たれ、昔は吾《わ》が伴《ともだち》として、肩摩《す》り肘触《す》りつつ、共器《おなじけ》にして同食《ものくら》ひき。安ぞ率爾《にはか》に使となりて、余《われ》をして儞《い》が前に自伏《したが》はしめむ」といひて、遂《つい》に戦ひて受けず。驕《おご》りて自《みづか》ら矜《たか》ぶ。是を以て、毛野臣、乃《すなは》ち防遏《た》へられて、中途《なかみち》にして淹滞《さはりとどま》りてあり。天皇《すめらみこと》、大伴大連金村・物部大連麁鹿火・許勢大臣《こせのおほおみ》男人《をひと》等に詔《みことのり》して曰《のたま》はく、「筑紫の磐井反《そむ》き掩《おそ》ひて、西の戎《ひな》の地《くに》を有《たも》つ。今誰か将《いくさのきみ》たるべき者」とのたまふ。大伴大連等僉曰《みなまう》さく、「正《たひら》に直《ただ》しく仁《めぐ》み勇みて兵《つはもの》事《のこと》に通《こころしら》へるは、今麁鹿火が右に出《い》づるひと無し」とまうす。天皇曰はく、「可《ゆるす》」とのたまふ。

(ロ)秋八月の辛卯《かのとう》の朔に、詔して曰はく、「咨《あ》、大連、惟茲《これこ》の磐井率《したが》はず。汝《いまし》徂《ゆ》きて征《う》て」とのたまふ。物部麁鹿火大連、再拝《おが》みて言《まう》さく、「嗟《あ》、夫《そ》れ磐井は西の戎《ひな》の奸猾《かだましきやつこ》なり。川の阻《さが》しきことを負《たの》みて庭《つかへまつ》らず。山の峻《たか》きに憑《よ》りて乱《みだれ》を称《あ》ぐ。徳《いきほひ》を敗《やぶ》りて道に反《そむ》く。侮《あなづ》り嫚《おご》りて自ら賢《さか》しとおもへり。在昔《むかし》道臣《みちのおみ》より、爰《ここ》に室《むろ》

紀の記述の信憑性

屋《や》に及《いた》るまでに、帝《きみ》を助《まも》りて罰《う》つ。民《おほみたから》を塗炭《くるしき》に拯《すく》ふこと、彼《かれ》も此《これ》も一時《もろとも》なり。唯天《ただあめ》の賛《たす》くる所は、臣《やつこ》が恒に重《おも》みする所なり。能《よ》く恭《つつし》み伐《う》たざらむや」とまうす。詔して曰はく、「良将《すぐれたるいくさのきみ》の軍《いくさだち》すること、恩《めぐみ》を施して恵《うつくしび》を推し、己《おのれ》を恕《おもひはか》りて人を治む。攻むること河の決《さ》くるが如《ごと》し。戦ふこと風の発《た》つが如し」とのたまふ。重《また》詔して曰はく、「大将《おほきいくさのきみ》は民の司命《いのち》なり。社稷《くにいへ》の存亡《ほろびほろびざらむこと》、是に在り。勗《つと》めよ。恭《つつし》みて天罰《あまつつみ》を行へ」とのたまふ。天皇、親《みずか》ら斧鉞《まさかり》を操《と》りて、大連に授けて曰はく、「長門《ながと》より東《ひむがし》をば朕制《われかと》らむ。筑紫より西をば汝《いまし》制れ。専賞罰《たくめたまひものつみ》を行へ。頻《しきり》に奏《まう》すこと勿煩《なわづら》ひそ」とのたまふ。

(ハ)二十二年の冬十一月の甲寅《きのえとら》の朔甲子《きのえね》(十一日)に、大将《おほきいくさのきみ》軍物部大連麁鹿火、親《みづか》ら賊《あた》の帥《ひとごのかみ》磐井と、筑紫の御井郡《みゐのこおり》に交戦《あひたたか》ふ。旗鼓《はたづつみ》相望《あひのぞ》み、埃塵《ちり》相接《あひつ》げり。機《はかりごと》を両《ふた》つの陣《いくさ》の間に決《さだ》めて、万死《みをす》つる地《ところ》を避《さ》らず。遂に磐井を斬りて、果して疆場《さかひ》を定む。

(ニ)十二月に、筑紫君葛子《くずこ》、父のつみに坐《よ》りて誅《つみ》せられむことを恐りて、糟屋屯倉《かすやみやけ》を献《たてまつ》りて、死罪贖《しぬるつみあが》はむことを求《まう》す。

この記事は漢文的潤色が著しく、そのままを事実の伝えとみることはできない。たとえば、(ロ)部分にみえる継体の詔と物部麁鹿火の言は、『芸文類聚《げいもんるいじゅう》』（中国唐《とう》代の初め、欧陽《おうよう》詢《じゅん》によって編修された類書）を利用した作文であり、漢文的潤色の典型的な例とされている。坂本太郎は、『日本書紀』の記述は潤色が著しく、『古事記』に書かれている程度の記事がもとの事実の伝えであろうとしている（坂本太郎「継体紀の史料批判」）。穏当な見解というべきであろう。ただ、なぜ『日本書紀』のような記事が作られたのか、またその記事から事実を推定することはできないのか、これらの点は考えてみる必要があろう。『日本書紀』の記事（2）の(イ)〜(ニ)、それぞれの内容を要約すれば、およそ次のとおりである。

(イ)　継体二十一年（五二七）六月、近江毛野臣が軍兵六万を率いて任那に行き、新羅に破られた南加羅・喙己呑（いずれも南部加耶《かや》地域の一国）を復興して任那に合わせようとした。筑紫国造磐井はかねて反逆を企て、機をはかっていたが、それを知った新羅は磐井に賄賂をおくって毛野臣の軍を防ぐように勧めた。そこで磐井は火・豊の二国にも勢力を張り、朝廷の命をうけず、海路を遮断して高句麗・百済・新羅・任那からの朝貢の船を誘致し、毛野臣の軍を遮った。そのため毛野臣の軍は前進できず、中途にとどまったままであった。継体は大伴金村らとはかり、物部麁鹿火を将軍とすることに定めた。

(ロ) 同年八月、継体は麁鹿火に磐井の征討を命じ、筑紫以西を統制させ、賞罰を任せた。
(ハ) 継体二十二年十一月、麁鹿火はみずから磐井と筑紫の御井で戦い、激戦のすえ、ついに磐井を斬って反乱を鎮圧し、境を定めた。
(ニ) 同年十二月、磐井の子の筑紫君葛子は、父に連坐して殺されるのを恐れ、糟屋屯倉を献上して死罪をあがなうことを請うた。

「磐井の乱」の勃発

まず(イ)部分に、「磐井の乱」は継体二十一年（五二七）にはじまった事件であり、その直接の原因は、新羅に破られた南加羅と喙己呑を復興するために任那に派遣した近江毛野臣の軍を磐井が遮ったため、とある点の信憑性についてはいかがであろうか。三品彰英は、継体二十三年（五二九）条にも新羅の南加羅侵攻の記事があることから、近江毛野臣の朝鮮派遣はその後のこととすべきであり、「磐井の乱」と毛野臣の派遣とは本来別の伝えであったものを、『日本書紀』編者が結びつけたにすぎないとした（三品彰英「「継体紀」の諸問題」）。たしかにその可能性も考えられるが、新羅の南加羅への侵攻が何回かにわたって行われたとするならば、毛野臣の派遣が継体二十一年（五二七）であったとして不自然ではない（田中俊明『大加耶連盟の興亡と「任那」』）。事件が、実際に毛野臣の軍を磐井が妨害したことによって起きたという可能性は否定できないであろう。

磐井と新羅

次に(イ)部分に、新羅が磐井に賄賂を送って毛野臣の軍を遮るよう勧めたとあり、磐井は高句麗・百済・新羅・任那からの朝貢の船を誘致した、とある点についてであるが、この記事そのものは編者の作文と考えるのが妥当であろう。そこには、磐井は毛野臣に対して、「今こそ使者たれ、昔は吾が伴として、肩摩り肘触りつつ、共器にして同食ひき。安ぞ卒爾に使となりて、余をして儞が前に自伏はしめむ」と乱語揚言したとあるが、磐井のこのような言葉が、『日本書紀』の編纂段階に記録として残されていたとは考え難い。しかし、磐井が倭政権（継体を大王とした中央政権）と戦ったのが事実とするならば、磐井と新羅が結ぶということ自体はきわめて自然なことと考えられる。次章で述べるとおり、当時、新羅は、倭政権と結んで南部加耶地域への領土拡張を進めていた百済に対抗して、やはり同地域への進出をはかっていたのであり、右の記述も、磐井と新羅が結んだという事実に基づいた作文である可能性は高いといえよう。

この点に関して注意されるのは、「国造本紀」伊吉島造条の次の記事である。

3 「国造本紀」伊吉島造条

「国造本紀」の記事

磐余玉穂《いはれたまほ》朝に、石井に従《したが》へる新羅の海辺の人を伐《き》りし天津水凝《あまつみずこり》の後の上毛布直《かみつみけのあたひ》を造《みやつこ》とす。

これによれば、継体の時代に磐井の従者であった新羅の海辺人を伐った人物（ないしはその後裔《こうえい》）を、伊吉島造（伊岐国造）に任じたというのである。この記事からも、磐井と新羅の結んだことが推定できるであろう。

磐井の乱語揚言

なお、磐井の毛野臣への乱語揚言については、磐井の中央出仕の経験という事実に基づいているとの見方もある。稲荷山《いなりやま》古墳出土鉄剣銘や江田船山《えだふなやま》古墳出土大刀銘からは、すでに五世紀後半のワカタケル大王の時代において、各地の豪族が中央に出仕していたことが明らかであり（第一章の三「稲荷山古墳出土鉄剣銘と江田船山古墳出土大刀銘」参照）、磐井がそのような経験を持った人物であった可能性は否定できない。しかし右の記述は、磐井がもともと倭政権に従属していたこと、すなわち磐井の事件が反乱であったことを強調しようとした作文とみる方が妥当であろう。このことは、(イ)部分においてのみ磐井が「国造」（倭政権の地方官）と記されていることとも、対応した作文と考えられる。

磐井の勢力範囲

次に(イ)部分には、磐井が筑紫だけではなく火・豊の二国にもその勢力を張っていたとあるが、この点の信憑性はいかがであろうか。磐井が新羅と結んだのが事実であるならば、磐井の勢力は新羅からも高く評価されていたはずである。そして、この点を考えるうえで参考になるのは、磐井の墓と推定されている岩戸山《いわとやま》古墳の存在である。

磐井の墓

磐井の墓については、『筑後国風土記』逸文に次のような詳しい記事があり、それによって、福岡県八女《やめ》市の岩戸山古墳が磐井の墓に相当することが知られる。

『筑後国風土記』の記事

4 『筑後国風土記』逸文

筑後の国の風土記に曰《い》はく、上妻《かみつやめ》の県《こほり》。県の南二里に、筑紫君磐井の墓墳あり。高さ七丈、周り六十丈なり。墓田《はかどころ》は、南と北と各六十丈、東と西と各卌丈なり。石人と石盾と各六十枚、交《こもごも》陣《つら》なり行を成して四面《よも》に周匝《めぐ》れり。東北の角に当りて一つの別区あり。号《なづ》けて衙頭《がとう》と曰ふ。衙頭は政《まつりごと》所《どころ》なり。其の中に一の石人あり、縦容《おもぶる》に地に立てり。号けて解部《ときべ》と曰ふ。前に一人あり、裸形《あかはだか》にして地に伏せり。号けて偸人《ぬすびと》と曰ふ。生《い》けりしとき、猪を偸みき。仍りて罪を決められむとす。側に石猪四頭あり。贓物《ざうもつ》と号く。贓物は盗みし物なり。彼の処に亦石馬三疋・石殿三間・石蔵二間あり。古老の伝へて云へらく、雄大迹《をほと》の天皇のみ世に当りて、筑紫君磐井、豪強《つよ》く暴虐《あら》くして、皇風に偃《したが》はず。生平《い》けりし時、預め此の墓を造りき。俄《にはか》にして官軍動発《おこ》りて襲《う》たむとする間に、勢の勝つましじきを知りて、独自《ひとり》、豊前《とよのみちくち》の国上膳《かみつみけ》の県に遁《のが》れて、南の山の峻《さが》しき嶺の曲《くま》に終《みう》せき。

ここに、官軍、追い尋《ま》ぎて蹤《あと》を失ひき。士《いくさびと》、怒《いかり》泄《や》まず、石人の手を撃ち折り、石馬の頭を打ち堕《おと》しき。古老の伝へて云へらく、上妻の県に多く篤《あつ》き疾《やまい》あるは、蓋《けだ》しくは茲《これ》に由るか。

ここには、磐井の墳墓の墳丘規模や墓域についての記述のほかに、東南隅に「衙頭」と呼ばれる別区があること、そこで裁判が行われていたこと、その別区と墳丘の周囲には多くの石造物の立て並べられていたことなどが記されている。この墓に該当するのが、福岡県八女市の岩戸山古墳である。

岩戸山古墳

岩戸山古墳は、六世紀前半の築造と制定される全長約百三十五メートルの前方後円墳《ぜんぽうこうえんふん》であり、十数基の前方後円墳と三百基ほどの円墳《えんぷん》から構成される八女古墳群中の最大規模の古墳である。また九州北部全体のなかでも最大であり、この時期の古墳としては、畿内地域の最大級の古墳に比べてもひけをとらない規模である。墳丘の東北部には方形の平坦部（造出《つくりだし》）があり、右の『筑後国風土記』逸文にいう「衙頭」に相当する。その平坦部や墳丘から石人《せきじん》・石馬《せきば》・石靫《せきゆき》などの石造物が多数発見されていることも、右の記述と対応している。そしてそのような石造物は、八女古墳群中の石人山古墳《せきじんやま》（五世紀代の築造と推定される全長約百七メートルの前方後円墳）や岩戸山古墳を中心に、福岡・大分・佐賀・

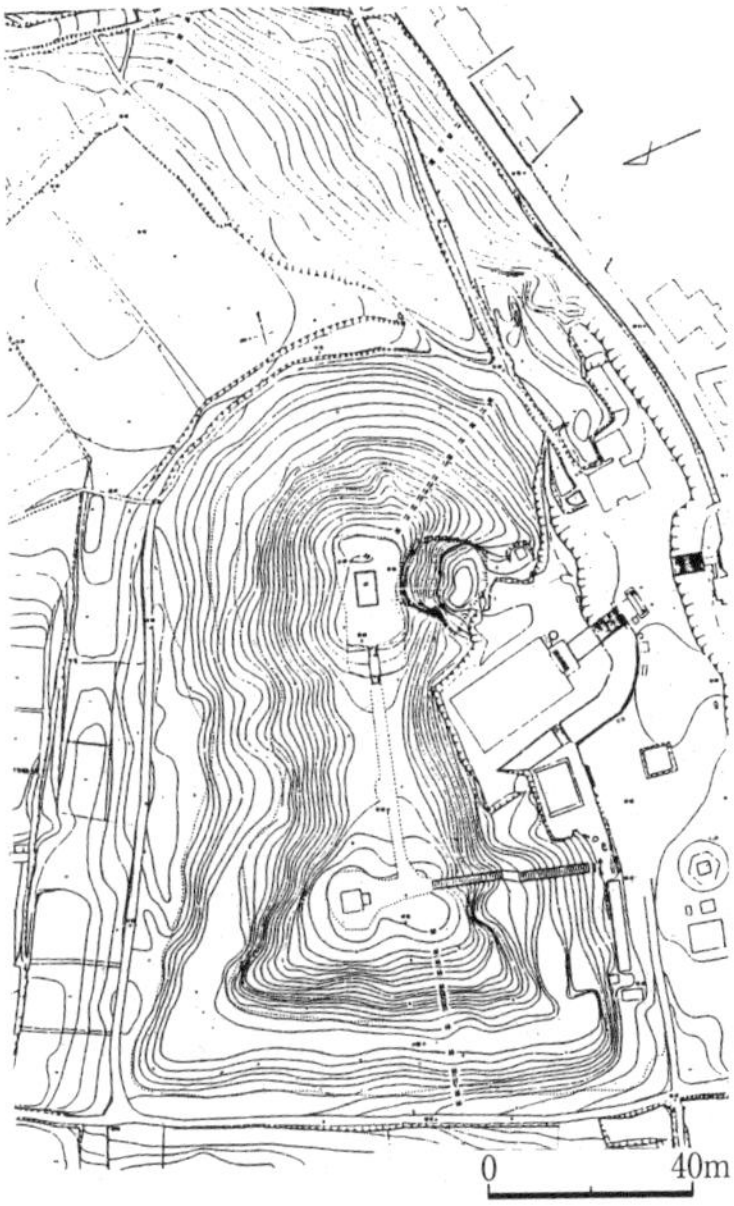

岩戸山古墳平面図
（高槻市教育委員会編『継体天皇と今城塚古墳』より）

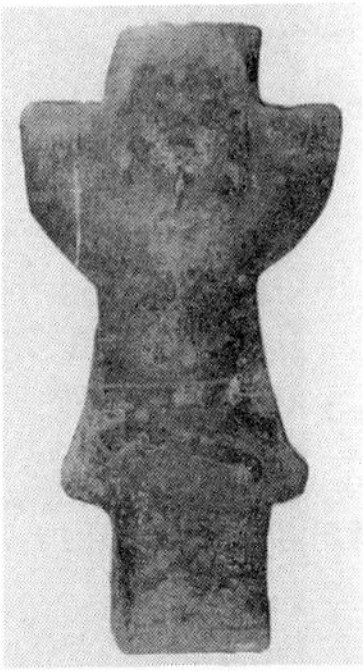

石人・石馬
（『岩戸山歴史資料館　展示図録』より）

●石製表飾樹立古墳　○横口式家形石棺採用古墳

石製表飾・横口式家形石棺の分布
（柳沢一男「岩戸山古墳と磐井の乱」に一部加筆）

熊本・宮崎などの各県の古墳に分布するのである。

柳沢一男は、八女古墳群中の大型古墳をはじめとする有明海《ありあけかい》沿岸地域の大型古墳には、石人・石馬などの石造物に加えて、阿蘇《あそ》凝《ぎょう》灰岩《かいがん》製の横口式家形石棺《よこぐちしきいえがたせっかん》、筑肥《つくひ》型と呼ばれる特異な横穴式石室《よこあなしきせきしつ》という共通した要素が認められるとし、この地域の首長間には有明首長連合と呼ぶべき広域の政治的結合があったとしている（柳沢一男「岩戸山古墳と磐井の乱」）。八女古墳群の造営集団が、岩戸山古墳の段階において、ひろく九州北部にその勢力を広げていたことは間違いないであろう。

「乱」の鎮圧に派遣された将軍

次に(イ)・(ロ)部分において、「磐井の乱」の鎮圧のために物部麁鹿火が将軍として派遣された、とある点について考えてみたい。『古事記』では物部荒甲（麁鹿火）と大伴金村の二人が遣わされたとあり、『古事記』の記事（1）程度のことが本来の事実の伝えとする坂本太郎の見解に従うならば、事実としては大伴金村も「磐井の乱」の鎮圧に派遣されたことになる。

大伴氏の家記と物部氏

(ロ)部分が潤色の著しいことは先に述べたとおりであるが、そこでは、麁鹿火の言のなかに自らの祖として「道臣」や「室屋」の名があげられており、これは明らかに矛盾である。「道臣」は、神武《じんむ》東征《とうせい》の際に先導役を務めたとされる大伴氏の祖であり、「室屋」は、いうまでもなく大伴室屋のことである。坂本太郎はこの部分の記述を、大伴氏の家《か》記《き》に基づいて作られた文章に、二次的に物部氏の立場からの修正が加えられたものとしている。おそらくそのとおりであろう。

つまり事実としては、大伴金村と物部麁鹿火の二人が派遣されたのであるが、大伴氏の家記ではそれを大伴氏の功績とした伝えになっており、『日本書紀』（継体紀）編者は最初それに基づき、『芸文類聚』を利用した文章を作ったが、その後さらに物部氏の立場から、麁鹿火が派遣されたというように変更した（ただし麁鹿火の言の方は修正しないままとされた）、という経緯が推定されるのである。

「磐井の乱」の鎮圧には、継体を支えた執政官的な大伴金村と物部麁鹿火の二人がともに派遣されたとみられるのであり、この点からも「磐井の乱」が重大な事件であったことがうかがえるであろう。

磐井の最期

最後に(ハ)部分において、物部麁鹿火が筑紫の御井郡の戦いで自ら磐井を斬った、とある点についてみておきたい。『筑後国風土記』逸文（4）では、磐井は豊前国の上膳県に逃れてそこで死んだとしており、両者の伝えには明らかな違いが存在する。(ハ)の伝えは、物部麁鹿火の活躍を劇的に描くその書きぶりからして事実の伝えとは考え難いが、4の伝えも逆に磐井の立場からの叙述という面があり、やはりそのままを事実の伝えとみることはできないであろう。

『筑後国風土記』の磐井像

4においても、磐井は「豪強く暴虐くして、皇風に偃はず」とされるが、ここでは「官軍」が急に攻めてきたとするのであり、(ハ)にいうような「反乱」とは明らかに異なった描き方をしている。磐井を見失った「官軍」が腹いせに石人の手や石馬の頭を打ち落したため、上妻県の人に篤疾《とくしつ》者が多いというのは、風土記編纂時に実際に存在した伝承とみられるが、ここにも「官軍」に対する反発や、磐井に対する同情が見て取れるであろう。

磐井がどのようにして最期を迎えたかは不明とせざるを得ないが、磐井が敗れて死去したことは事実と考えられる。なお、磐井が豊前国で最期を迎えたという4の伝えからも、磐井の勢力が豊前国にまで及んでいたことが推定できるであろう。

「磐井の乱」の実態

以上「磐井の乱」について、最も詳しい記事である『日本書紀』(2)を中心に、その他の関係史料もあわせてその記事内容の信憑性について考えてきた（『日本書紀』の㈡部分については次節で取りあげる）。それらをまとめるならば、磐井の事件が継体の時代の出来事であったこと、磐井は新羅と結んだこと、磐井の勢力は九州北部に広く及んでいたこと、磐井が中央政権側に敗れて死去したこと、磐井を討つのに大伴金村と物部麁鹿火が派遣されたこと、これらの点は事実と認めてよいと考えられる。

二　「乱」の性格と意義

「磐井の乱」の性格

「磐井の乱」の性格については、その研究が本格化した一九五〇年代初めころにおいては、倭政権（中央政権）に対する反乱とみるのが一般的であった。「磐井の乱」の背景には、倭政権のたびかさなる朝鮮半島出兵のために負担を強いられてきた九州北部の人々の反発があったとされたのである。そしてその後もしばらくは、このような見方が一般的であった。

国土統一戦

しかし一九七〇年代中ころになると、「磐井の乱」を反乱ではなく、国家形成期に生じた国土統一戦争であるとする見解が提唱されるようになった。鬼頭清明は、日本における民族の形成の端緒として「磐井の乱」をとらえ（鬼頭清明「日本民族の形成と国際的契機」）、吉田晶は、磐井の権力を、首長連合の形態をとる部族同盟の最高首長であることを基礎に、さらに地域的な国家形成の方向へ歩みはじめた段階にあったとした（吉田晶「古代国家の形成」）。また山尾幸久は、「磐井の乱」は実際には五三〇年に起き、それによって倭政権内に権力移動が行われ、新しい大王（欽明）のもとで磐井に対する軍事的勝利が達成されたという独自の見解を提示した（山尾幸久『日本国家の形成』）。

稲荷山鉄剣銘の発見

その後、一九七八年に稲荷山古墳出土鉄剣銘が発見され、五世紀後半のワカタケル大王の段階には、いまだ氏姓《しせい》制・部民《べみん》制・国造制・屯倉制などの倭政権の支配制度はその成立の前段階にあるとみられるようになり、それらの制度は六世紀代に整えられていったとする見方が一般的になった。このことが「磐井の乱」を国土統一戦争とする見方と対応し、倭政権の地方支配制度は「磐井の乱」を契機として成立したとの見解が有力になったのである。

磐井の権力の性格

「磐井の乱」当時における磐井の権力の性格をめぐっては、いまだに共通した理解は得られていないが、吉田晶が説いたように、単なる地域首長連合の最高首長という地位は超えつつあったとみてよいであろう。吉田は、先に引用した『筑後国風土記』逸文（4）の裁判の記事を重視し、「衙頭」において罪人を裁くという描写を、磐井が自身の政庁における裁判権の行使を表したものと説いた。この点については、4の裁判の記述はあくまで「別区」のさまざまな石造物を説明するための風土記編者の作文であり、そこから磐井の権力構造を論ずることはできないとの批判がある（岡田精司「風土記の磐井関係記事について」）。もっともな批判であるが、そのような「別区」を持つ磐井の墓（岩戸山古墳）の存在自体は他の首長墓とは異なるのであり、先に述べたように岩戸山古墳の造営主体（磐井）は、有明首長連合と呼ぶべき広域の政治的結合の頂点にあったことが推定されるのである。

境界の画定

一方、「磐井の乱」後に、この地域に倭政権の地方支配制度が施行されていったということは、『日本書紀』の記事（2）そのものからも推測することができる。先に述べたとおり、「遂に磐井を斬りて、果して疆場を定む」とあるのは、この地域に国造制の施行されたのが「磐井の乱」後のことであることを示すものと考えられる。もちろんこの記述自体は事実をそのまま伝えたものではなく、2の記事を作成する段階での作文である可能性が高いのであるが、そのような作文がなされたのは、磐井を討ったのちに境を定めた（この地域に国造制を施行した）という認識が『日本書紀』編者に存在していたからとみてよいであろう。

「磐井の乱」の原因

「磐井の乱」の原因の一つには、中央政権が国造制という制度をともなった形でその支配を磐井の勢力範囲に及ぼそうとした、ということが考えられるのであり、筑紫ばかりではなく火（肥）・豊にもその勢力を及ぼしていた磐井にとって、国造制の施行はその勢力範囲を限定されることを意味した。

糟屋屯倉の献上

また、前章で指摘したとおり、「磐井の乱」後のこととして『日本書紀』（2）の㈡部分に、磐井の子の葛子が父に連坐することを恐れ、糟屋屯倉を献上して死罪をあがなったとあるのは注意されるところである。

「磐井の乱」後の磐井の一族

第一に、この記事からは、磐井が討たれたのちも磐井の一族が滅亡したのではなかったことが知られるであろう。八女古墳群においては、岩戸山古墳ののちも前方後円墳の造営が行われており、石造物の製作も続けられている。八女古墳群の造営集団は、「磐井の乱」後もさしてその勢力を縮小することなく、筑紫地方における最も有力な集団として存続していたことが推定されるのである。磐井が2の(イ)部分において「筑紫国造磐井」と記されるのは、先に述べたように、「磐井の乱」が反乱であったことを示そうとした意図によると考えられるが、それだけではなく、のちに一族が筑紫国造職を世襲したことに基づく遡称《そしょう》という面もあったと考えられる。

「磐井の乱」の意義

「磐井の乱」は、継体を大王とする中央政権側にとっては、国造制という制度をともなう形での地方支配を進展させた事件であったが、磐井の一族（八女古墳群の造営集団）の側にとっては、磐井が討たれたのちも地域における支配的地位を維持し、その後は筑紫国造として倭政権の一端を担うことになった事件、ということができるであろう。筑紫国造に任じられるということは、大王の臣下に位置づけられ、その勢力範囲は制度的には筑紫のクニに限定されるということであるが、筑紫のクニという範囲内においてはその支配的地位が制度的に保障されるということでもあった。

外交上の拠点としての糟屋屯倉

第二に、糟屋屯倉の献上についてであるが、糟屋は律令制下の筑前国糟屋郡（現在の福岡県糟屋郡・福岡市東区・古賀市《こが》）に相当する地名であり、糟屋屯倉は博多《はかた》湾岸に所在した屯倉と考えられる。磐井の本拠地は岩戸山古墳（八女古墳群）の営まれた筑後川流域にあったと考えられるから、糟屋屯倉は本拠地から離れたところに置かれていたことになる。磐井の勢力が九州北部に広く及んでいたことや、磐井と新羅の結んだことが事実とみられるのであれば、磐井が博多湾岸に勢力を伸ばし、そこに外交上の拠点を設置したのは当然のことと考えられる。

葛子が贖罪として献上したということが事実かどうかはともかくとして、「磐井の乱」後、磐井が糟屋の地に設置した外交上の拠点（それは、王権に献上されたことにより糟屋屯倉と呼ばれるようになった）が、中央政権側に移ったことは間違いないと考えられる。中央政権による外交権の一元的掌握は、磐井を討つことによって可能になったとみるべきであろう。

沖ノ島祭祀と磐井

このことは、沖ノ島《おきのしま》祭祀のあり方の変化からも推測することができる。沖ノ島祭祀は、百済との直接交流の開始を契機に、王権主催の祭祀として四世紀後半に開始されたと考えられるが、しばらくの間は、それを現地で管掌する集団は固定化していなかったようである。磐井が九州北部に広く勢力を及ぼしていた段階では、磐井の配下にあった水《み》沼君《ぬまのきみ》氏（その前身集団）がそれに携わっていた可能性が高い。水沼君氏は、宗像《むなかた》三女神の誕生を語るウケヒ神話においてその奉祭《ほうさい》氏族の一つと伝えられており（『日本書紀』神代紀第六段「瑞珠盟約《ずいしゅめいやく》」第三の一書）、その本拠地と推定される水沼の地は、のちの筑後国三潴《みずま》郡三潴郷付近（現在の福岡県三潴郡三潴町付近）に比定され、磐井の本拠地である八女の地に近接した地域である。

しかし「磐井の乱」後は、沖ノ島祭祀の現地における中心的奉祭集団は、宗像地域（福岡県福津市）に津屋崎《つやざき》古墳群を造営した集団、すなわち宗像氏に固定化されていったことが推定されるのである（篠川賢「古代宗像氏の氏族的展開」）。このことも、中央政権による外交の一元化が進んだことを示すものであろう。

そしてその結果、中央政権の外交上の拠点であり、九州支配の拠点でもある那津官家《なのつみやけ》（出先機関としてのミヤケ）が設置されることになったのである。継体の死後のことであるが、

那津官家の設置記事

ここで那津官家の設置について述べておくことにしたい。

『日本書紀』（宣化《せんか》紀）には次のように記されている。

5　宣化元年（五三六）五月朔条

詔して曰《のたま》はく、「食《くらひもの》は天下《あめのした》の本《もと》なり。黄金万貫《こがねよろづはかり》ありとも、飢《いひうゑ》を療《いや》すべからず。白玉千箱《しらたまちはこ》ありとも、何《なに》ぞ能《よ》く冷《こい》を救はむ。夫《そ》れ筑紫国は、遐《とほ》く邇《ちか》く朝《まう》で届《いた》る所、

去来《ゆきき》の関門《せきと》にする所なり。……故《かれ》、朕《われ》、阿蘇仍君《あそのきみ》未だ詳《つばひらか》ならず。を遣して、加《また》、河内国《かふち》の茨田《まむた》郡の屯倉の穀《もみ》を運ばしむ。蘇我大臣稲目宿禰《そがのおほおみいなめのすくね》は、尾張《をはり》連を遣して、尾張国の屯倉の穀を運ばしむべし、物部大連麁鹿火は、新家《にひのみ》連を遣して、新家屯倉の穀を運ばしむべし、阿倍臣《あへのおみ》は、伊賀《いが》臣を遣して、伊賀国の屯倉の穀を運ばしむべし。官家《みやけ》を、那津の口《ほとり》に修《つく》り造《た》てよ。又《また》其《か》の筑紫・肥・豊、三つの国の屯倉、散《あか》れて懸隔《とほきところ》に在り。運び輸《いた》さむこと遥に阻《へだた》れり。儻《も》如し須要《もち》ゐむとせば、以て率《にはか》に備へむこと難かるべし。亦《また》諸郡《もろもろのこほり》に課《おほ》せて分《くば》り移して、那津の口に聚《あつ》め建てて、非常《おもひのほか》に備へて、永《ひたす》ら民《おほみたから》の命《いのち》とすべし。早く郡県《こほりこほり》に下して、朕《わ》が心を知らしめよ」とのたまふ。

設置記事の信憑性

これによれば、那津官家を設置して各地の屯倉の穀を運ばせたというのであるが、ここでも、まずは記事内容の信憑性を問題としなければならない。この詔の最初に、「食は天下の本なり。黄金万貫ありとも、飢を療すべからず。白玉千箱ありとも、何ぞ能く冷を救はむ」とあるのは、『漢書《かんじょ》』景帝《けいてい》紀に基づく表現であり、5の記事そのものは『日本書紀』（宣化紀）編者の作文とみるのが妥当であろう。しかしだからといって、記事内容のすべてが事実と異なる作文であるということにはならない。

まず、那津官家が倭政権の外交上の拠点であったことは、斉明《さいめい》紀七年（六六一）三月庚《かのえ》中条《さる》に、百済救援軍派遣の拠点として「娜大津《なのおおつ》」（「長津《ながつ》」）の名がみえることからも、事実と認めてよいであろう。その機能はのちの大宰府《だざいふ》に継承されていくのである。

前半部分の信憑性

また5の前半部分に、宣化自身、阿蘇仍君を遣わして河内国茨田郡の屯倉の穀を運ばせ、蘇我稲目には尾張連を遣わして尾張国の屯倉の穀、物部麁鹿火には新家連を遣わして新家屯倉の穀、阿倍臣には伊賀臣を遣わして伊賀国の屯倉の穀を運ばせることを命じ、那津の口に官家を造らせたとあるのは、記事内容が具体的であり、何らかの原資料に基づいた記述とみることができよう。阿蘇仍君に注して「未だ詳ならず」とあることも、この部分が編者の作文ではないことを示している。

物部麁鹿火と新家連

物部麁鹿火が派遣したという新家連は、『皇太神宮《こうたいじんぐう》儀《ぎ》式帳《しきちょう》』（平安時代の初めに宮司《ぐうじ》の大中《おおなか》臣真継《とみのまつぐ》らによって神祇官に提出された解文で、皇太神宮＝伊勢神宮についての基本史料）に、孝徳《こうとく》朝の天《てん》下立評《かりつぴょう》の時、新家連阿久多《あくた》が度会《わたらい》の山田原《やまだのはら》に屯倉を立て督領《とくりょう》として仕えたとあり、また『太神宮諸雑事記《だいじんぐうしょぞうじき》』（伊勢神宮内宮神主《ないくうかんぬし》の荒木田《あらきだ》氏によって代々書き継がれてきた歴史書。平安時代末の成立）に、天平三年（七三一）当時の伊勢国度会郡少領《しょうりょう》として新家連公人丸《むらじのきみひとまろ》の名がみえることなどから、のちに伊勢国度会郡の郡領氏になった一族の人物と考えられる。新家屯倉はのちの伊勢国壱志《いちし》郡（現在の三重県一志《いちし》郡・久居《ひさい》市・松阪《まつさか》市の一部）内に置かれた屯倉と考えられており、郡内には式内社《しきないしゃ》の物部神社も存在する。物部氏と伊勢国との関係の深かったことは、雄略紀十八年八月戊申《つちのえさる》条の物部目《め》による伊勢の朝日郎《あさけのいらつこ》討伐の話や、継体紀二十三（五二九）年三月是月《このつき》条（この記事については次章の二「己汶・帯沙の下賜」で取りあげる）に百済に派遣された人物として「物部伊勢連父根《ちちね》」の名がみえること、また安閑《あんかん》紀元年（五三四）閏十二月条の物部尾輿《おこし》による伊勢国の贄土師部《にえのはじべ》の献上の記事などからも明らかである。

阿倍臣・蘇我稲目と伊賀臣・尾張連

そして阿倍臣と伊賀臣についても、大彦命《おおひこ》を祖とする同系の氏という関係があり、蘇我稲目と尾張連との間にも、地縁に基づく密接な関係があったと推定されている（加藤謙吉『蘇我氏と大和王権』）。5の前半部分の記事内容については、信憑性が高いといってよいであろう。

後半部分の信憑性

5の後半部分は、筑紫・肥・豊三国の屯倉の穀を、それぞれその一部を割いて那津屯倉に集めさせ、非常の備えにしたというのである。前半部分に比べると具体性に乏しいが、記事内容は前半部分に続くものであり、一定の事実を伝えた記述と考えられる。

設置記事の年代

なお、この那津官家の設置記事が宣化元年（五三六）五月朔条におかれていることの信憑性も問題になるであろう。たしかに、この点を確かめることは困難であり、正確な年次は不明とせざるを得ない。また、このような内容の詔（政策）が一度に発せられたとする点にも疑問は持たれるであろう。ただ、それが「磐井の乱」後であったことは認めてよいと考えられる。

糟屋屯倉と那津官家

糟屋屯倉と那津官家との関係ははっきりしないが、同じく博多湾岸に所在したのであり、中央政権は磐井の外交上の拠点（糟屋屯倉）を手に入れることにより、はじめて那津官家を設置することが可能になったということができよう。

また、5の記事からうかがえるいま一つの点は、この段階においては、なお連合政権的性格が払拭されていなかったという点である。宣化自身は阿蘇仍君を遣わして河内国茨田郡の屯倉の穀を、蘇我稲目は尾張連を遣わして尾張国の屯倉の穀を、物部麁鹿火は新家連を遣わして新家屯倉の穀を、阿倍臣は伊賀臣を遣わして伊賀国の屯倉の穀を運ばせたというのであり、各地の屯倉はすべてが大王（宣化）の管轄下にあったのではなく、それぞれ有力な氏（ウヂ）によって掌握されていたことが推定されるのである。

継体朝において、諸豪族の継体への臣従化（ウヂ化）は進んだと考えられるのであるが、いまだ有力なウヂは強い自立性を有していたとみるべきであろう。この点については、第七章の三「蘇我氏の登場」で改めて取りあげることにしたい。

第六　継体朝の外交

一　「任那四県の割譲」

第三章「継体の即位」で述べたとおり、継体の即位事情についてはなお不明な点もあり、即位した正確な年代も不明であるが、継体が六世紀初めころの大王であったことは間違いないと考えられる。

継体の時代の中国

そのころ、中国は南北朝時代であり、北朝は北魏《ほくぎ》（四三九～五三四年）、南朝は斉《せい》（四七九～五〇二年）にかわって梁《りよう》（五〇二～五五七年）が成立した時代であった。また朝鮮半島では、新羅《しらぎ》と百済《くだら》が南下策をとる高句麗《こうくり》に対抗しつつ、それぞれに加耶《かや》地域への進出をはかっていた。

継体の時代の朝鮮

『三国史記《さんごくしき》』によれば、新羅では五〇〇年に智証《ちしよう》王が即位し、異斯夫《いしふ》を軍主《ぐんしゆ》に任じて領土を広げ、五一四年には智証王が死去してその子の法興《ほうこう》王が即位したとされる。新羅は、この法興王（在位五一四〜五四〇年）の時代に国家体制を整え、さらに領土の拡張を進めた。

一方百済は、五〇一年に武寧王が即位し（在位五〇一〜五二三年）、北は高句麗と戦ってその南下を防ぎ、南は加耶地域への進出を目指していた。その際、百済は倭と結ぶ方針をとったのであり、『日本書紀』に記す百済への「任那四県《みまなよんけん》の割譲」や「己汶《こもん》・帯沙《たさ》の下賜」は、百済が領土を拡張していったことを、『日本書紀』編者の立場から述べたものということができる。

『日本書紀』においては、当時「任那」（加耶地域）は日本（倭）の支配下にあったとするのであり、新羅や百済も日本に従属していた国と位置づけている。倭が加耶地域（とくに南部加耶地域）と密接な関係を有していたことは事実であろうが、このような位置づけは事実に基づくものとは考えられない。

「四県割譲」の記事

「任那四県の割譲」について、『日本書紀』は次のように記している。

1 継体六年（五一二）十二月条

(イ)冬十二月に、百済、使を遣《まだ》して調貢《みつきたてまつ》る。別に表《ふみ》たてまつりて、任那国の上哆唎《おこしたり》・下哆唎《あろしたり》・娑陀《さだ》・牟婁《むろ》、四県《よつのこほり》を請《こ》ふ。

(ロ)哆唎国守《たりのくにのみこともち》穂積臣押山《ほづみのおみおしやま》奏《まう》して曰《まう》さく、「此《こ》の四県は、近く百済に連《まじは》り、遠く日本《やまと》を隔《へだた》る。旦暮《あしたゆふべ》に通ひ易《やす》くして、鶏犬《にはとりいぬ》別《わ》き難し。今百済に賜りて、合せて同じ国とせば、固く存《また》き策《はかりこと》、以て此《これ》に過ぐるは無けむ。然《しか》れども、縦《たと》ひ賜りて国を合すとも、後世《のちのよ》に猶《なお》し危《あやふ》からむ。況《いはむ》や異場《ことさかひ》と為《し》てば、幾年《ちかきとし》すらに能《よ》く守らむや」とまうす。

(ハ)大伴大連金村《おほとものおほむらじかなむら》、具《つばひらか》に是《こ》の言《こと》を得て、謨《はかりこと》を同じくして奏す。廼《すなは》ち物部大連麁《もののべのおほむらじあら》鹿火《かひ》を以て、勅宣《みことのりのたま》ふ使に宛《あ》つ。物部大連、方《まさ》に難波《なには》の館《むろつみ》に発《た》ち向ひて、百済の客《つかひ》に、勅宣《みことのりのたま》はむとす。其の妻《め》固く要《いさ》めて曰《い》はく、「夫《そ》れ住吉大神《すみのえのおほかみ》、初めて海表《わたのほか》の金銀《しろかねこがね》の国、高麗《こま》・百済・新羅・任那等《ら》を以て、胎中誉田天皇《はらのうちにましますほむだのすめらみこと》に授記《さづ》けまつれり。故《かれ》、大后息長足姫尊《おほきさきおきながたらしひめのみこと》、大臣武内宿禰《たけしうちのすくね》と、国毎に初めて官家《みやけ》を置きて、海表の蕃屏《まがき》として、其の来《ありく》ること尚《ひさ》し。抑由《はたゆえ》有り。縦《も》し削《さ》きて他《ひとくに》に賜はば、本《もと》の区域《さかひ》に違《たが》ひなむ。綿世《ながきよ》の刺《そしり》、詎《いづくに》か口《くち》に離《さか》りなむ」といふ。大連報《かへりまう》して曰《い》はく、「教へ示すこと理《ことわり》に合《かな》へれども、恐るらくは、天勅《すめらみことのみことのり》に背《そむ》きまつらむことを」といふ。その妻切《いた》く諫《いさ》めて云《い》はく、「疾《やまひ》と称《まう》して宣《みことのり》なせそ」といふ。大連諫めに依《したが》ひぬ。是に由りて、使を改めて宣勅《みことのり》す。賜物幷《たまひものあは》せて制旨《みことのりのむね》を付《さづ》けて、表《まうしぶみ》に依りて任那の四県《よつのこおり》を賜ふ。

(ニ)大兄皇子《おほえのみこ》、前《さき》に事の縁《よし》有りて、国賜ふに関《あづか》らずして、晩《おそ》く宣勅を知れり。驚き悔いて改めむとす。令《のりごと》して曰《い》はく、「胎中之帝《ほむだのすめらみことのみよ》より、官家を置ける国を、軽《かろがろ》しく蕃《となりのくに》の乞《ま》す随《まにま》に、輙爾《たやす》く賜らむや」といふ。乃《すなは》ち日鷹吉士《ひたかのきし》を遣して、改めて百済の客に宣《みことのり》す。使者《つかひ》答へて啓《まう》さく、「父《かぞ》の天皇、便宜《たよりよろ》しきことを図計《はか》りて、勅り賜ふこと既に畢《をは》りぬ。子とある皇子、豈帝《あにすめらみこと》の勅に違ひて、妄《みだり》に改めて令《のたま》はむや。必ず是虚《うつはりごと》ならむ。縦《も》し是実《まこと》ならば、杖の大きなる頭《はし》を持《と》りて打つときと、杖の小き頭を持りて打つときと孰《いずれ》か痛からむ」とまうして、遂《つひ》に罷《まか》りぬ。

(ホ)是《ここ》に、或有流言《あるひとつてこと》して曰はく、「大伴大連と、哆唎国守穂積臣押山と、百済の賂《まひなひ》を受けたり」といふ。

「四県割譲」についての紀の書きぶり

この記事の主旨は、継体六年（五一二）十二月に、百済が使いを遣わして「任那国の上哆唎・下哆唎・娑陀・牟婁の四県の割譲」を要求してきた(イ)、「哆唎国守」の穂積臣押山は百済の要求を認めた方がよいとし(ロ)、大伴金村もそれに同意して割譲が決定した(ハ)、ということである。穂積臣押山については、この年の四月に百済に派遣されたという記事があり（継体紀六年四月丙寅《ひのえとら》条）、ここに「哆唎国守」とあるのは哆唎地方に滞在していたからとみられる。この場合の「国守」は律令制下における国司の長官というのとは異なり、使者を意味する言葉である。

「四県割譲」記事の信憑性

まずこの記事の信憑性であるが、(ハ)部分には、「四県割譲」承諾の勅を百済の使者に伝える役割を命じられた物部麁鹿火が、妻の諫言に従い、病気と称してそれを断ったという話が載せられている。この話は、のちに大伴金村が「四県割譲」問題を物部尾輿《おこし》に批判されて失脚したという記事（欽明《きんめい》紀元年〈五四〇〉九月己卯《つちのとう》条）の伏線となるものであり、話の内容や漢文的潤色の著しい文章などからして、事実の伝えとは考え難い。おそらく、物部氏の家記《かき》に基づいて『日本書紀』編者が作文したものであろう。(ホ)部分に、大伴金村と穂積押山が百済から賄賂を受け取ったという流言があったとするのも、同じく金村失脚の伏線としての作文と考えられる。『日本書紀』編者の書きぶりは、「四県割譲」に対して批判的であるといえよう。

「大兄皇子」が関わる部分の信憑性

また(ニ)部分には、大兄皇子（勾大兄皇子《まがりのおおえ》＝安閑《あんかん》）が「四県割譲」のことをあとから知り、それを断る命令を百済の使者に伝えたが、百済の使者は「先に天皇から承諾の勅を受けており、皇子の命令は嘘に違いない」としてこれを認めなかったという話がある。これは勾大兄を称えた話であり、そのまま事実とは考え難いが、やはりここにも、「四県割譲」を大伴金村・穂積押山の失政とする『日本書紀』編者の認識がうかがえるであろう。勾大兄が継体の輔政者的役割を果たしていたことは事実と考えられるが、これについては、「大兄」の呼称や当時の「皇太子」の問題と合わせて、次章の四「王統の形成」で改めて述べることにしたい。

「四県割譲」の意味

このように、この記事の多くの部分は作文とみられるのであるが、その主旨については事実と認めよいであろう。もちろん、百済が「上哆唎・下哆唎・娑陀・牟婁の四県の割譲」を求めてきたという書き方は、『日本書紀』編者の立場によるものであり、実際には、この地域を領有下に組み込んだ百済がその承認を要請する使者を倭に送ってきた、ということであったと考えられる。

「四県」の比定地

「上哆唎・下哆唎・娑陀・牟婁の四県」は朝鮮半島の南西端、現在の全羅南道《ぜんらなんどう》に相当する地域（栄山江《えいざんこう》流域）に比定されるが、近年この地域からは、前方後円墳《ぜんぽうこうえんふん》があいついで発見され、その築造年代は五世紀後半から六世紀前半ころと推定されている。これらの前方後円墳の被葬者をどのような人々と考えるかは議論のあるところであるが、この地域が倭との関係の深かった地域であったことは確かであろう。

田中俊明は、「任那四県の割譲」は、百済が長い間にわたってこの地域を領有下に組

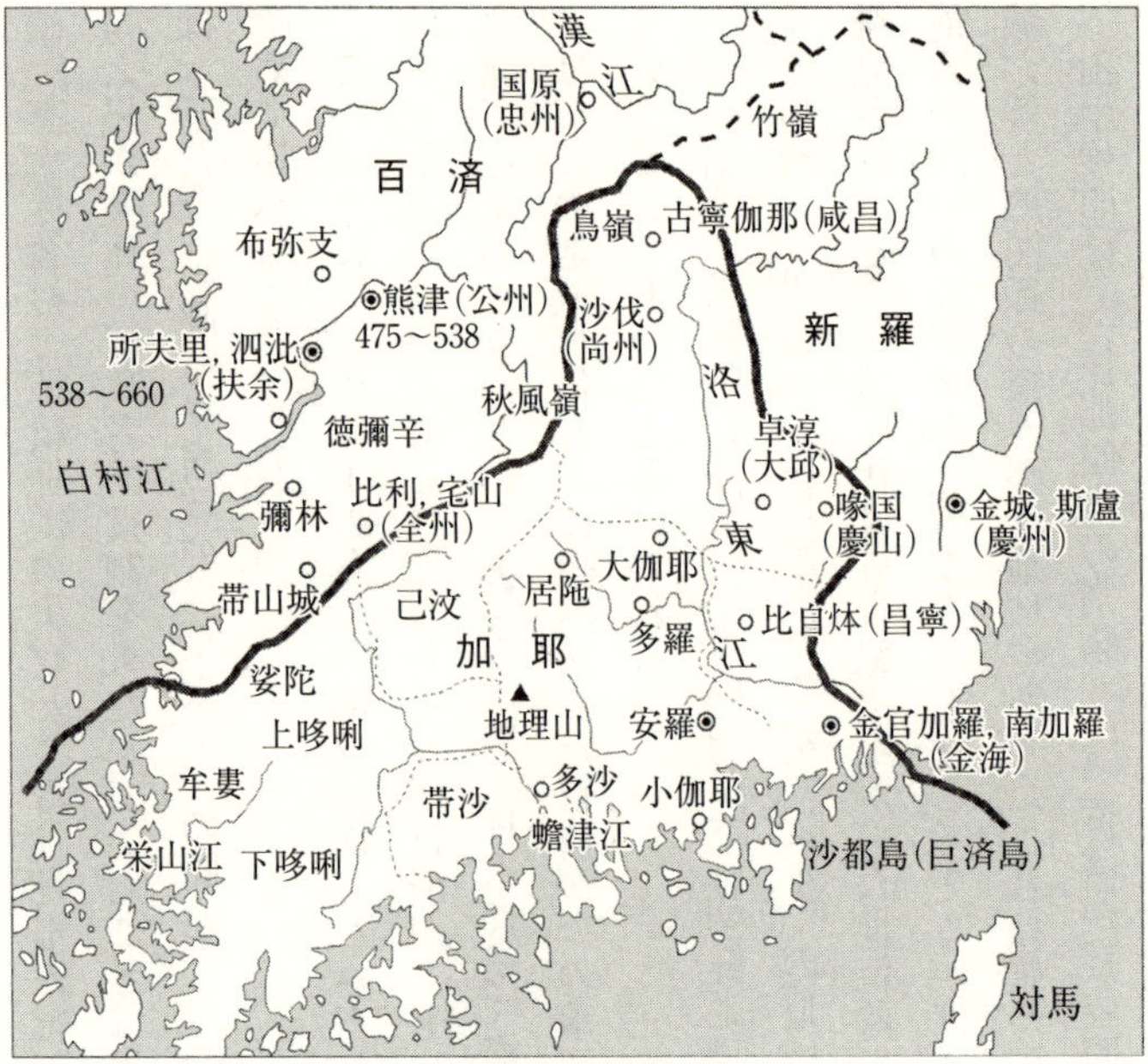

6 世紀前半の朝鮮半島

み込んできたことを示すものにすぎず、継体六年(五一二)という年に百済が使者を送ってその承認を求めてきた、ということ自体も疑わしいとしている(田中俊明『古代の日本と加耶』)。たしかに、「上哆唎・下哆唎・娑陀・牟婁」の地域は「任那」(加耶地域)に含まれていたのではなく、田中のいうとおり、かつての馬韓《ばかん》諸国のうちなお残存する勢力のあった地域とみるのが妥当であろう。

しかし、1の記事に近年改めて詳細な検討を加えた熊谷公男によれば、(イ)部分は「百済本記《くだらほんき》」に基づいた記事とみるべきであり、継体六年という年次も信憑性が高いという（熊谷公男「いわゆる「任那四県割譲」の再検討」）。「上哆唎・下哆唎・娑陀・牟婁」の地域（栄山江流域）が倭との関係の深い地域であったとするならば、この地域を領有下に置いた百済が、ある時期にその承認を倭に求めてきたというのは十分考えられることである。

また熊谷は、「任那四県の割譲」に批判があったとする(ハ)・(ニ)の部分も、当時、実際に批判的な考えのあったことを示す記事であるとしている。「上哆唎・下哆唎・娑陀・牟婁」地域の百済による領有を承認するということは、熊谷のいうとおり、百済の南進策を支持する方針を決定するということであり、連合政権的性格を残す継体朝において、それに反対する考えがあった可能性はたしかに高いと考えられる。しかし、その後も百済の南進策を支持するという方針は維持されていくのであり、「己汶・帯沙の下賜」はそのことを示している。

二　「己汶・帯沙の下賜」

「己汶・帯沙の下賜」についての記事

「己汶・帯沙の下賜」について、継体紀には多くの関連記事が載せられているが、まず継体七年（五一三）条には次のようにある。

2　継体紀七年六月条

夏六月に、百済、姐弥文貴将軍《さみもんくゐしょうぐん》・州利即爾《つりそに》将軍を遣《まだ》して、穂積臣押山（百済本記に云《い》はく、委《わ》《やまと》の意斯移《おしや》麻岐弥《まきみ》といふ。）に副《そ》へて、五経博士段楊爾《ごきょうはかせだんやうに》を貢《たてまつ》る。別《こと》に奏《まう》して云《まう》さく、「伴跛《はへ》国、臣《やつこ》が国の己汶の地を略《かす》み奪ふ。伏《ふ》して願はくは、天恩《みうつくしび》ありて判《ことわ》りたまひて本属《もとつくに》に還《かへ》したまへ」とまうす。

3　同十一月条

冬十一月の辛亥《かのとい》の朔《ついたち》乙卯《きのとう》（五日）に、朝庭《みかど》にして、百済の姐弥文貴将軍、斯羅《しらぎ》の汶得至《もんとくち》、安羅《あら》の辛已奚《しんいけい》及び賁巴委佐《ほんはわさ》、伴跛の既殿奚《こでんけい》及び竹汶至《ちくもんち》等《ら》を引《め》し列《つら》ねて、恩勅《めぐみ》を奉《うけたまは》り宣《のりごと》す。己汶・帯沙を以て、百済国に賜ふ。是《こ》の月に、伴跛国、戢支《しふき》を遣して、珍宝《たから》を献《たてまつ》りて、己汶の地《ところ》を乞《まう》す。而《しか》るに終《つひ》に賜らず。

三つの記事の内容

これによれば、継体七年六月、百済は文貴将軍らを遣わして、穂積臣押山にそえて五経博士の段楊爾を送るとともに、「伴跛国が己汶の地を奪ったので返還してほしい」と訴えてきた（2）。そこで倭は、同年十一月、朝廷に百済の文貴将軍、斯羅の汶得至、安羅の辛已奚・賁巴委佐、伴跛国の既殿奚・竹汶至らを集めて、「己汶・帯沙を百済に下賜する」と告げた。この月に、伴跛国も使いを遣わして己汶の地を要求してきたが、それは断った（3）、というのである。2の分注には「百済本記」が引用されているが、引用部分だけではなく、これらの記事全体が「百済本記」に基づいて書かれた可能性が高い。多くの具体的人名が登場することからも、記事内容の信憑性は高いといってよいであろう。

「己汶・帯沙」

「己汶・帯沙」は「任那四県」の東側、蟾津江《せんしんこう》流域の地であり、「己汶」はその中流域、「帯沙」は河口の地に比定される。「伴跛国」は北部加耶地域にあった有力国で、大加耶連盟の盟主の加羅（大加耶）国（現在の高霊《こうれい》《コリエン》付近にあった国）と同一とみる説（田中俊明『大加耶連盟の興亡と「任那」』）が妥当であろう。「斯羅」は新羅で、「安羅」は南部加耶地域の中心国の一つ（現在の咸安《かんあん》《ハマン》付近にあった国）である。

右の記事は、己汶・帯沙の領有をめぐって百済と伴跛国（大加耶国）が対立し、そのようななかで、両国はいずれもその地の領有の承認を求める使者を倭に送り、それを受けた倭は両国の使者だけではなく、新羅と安羅の使者も集めた会議を開き、百済による己汶・帯沙の領有を承認した、ということであろう。

領有をめぐる会議

各国の思惑

新羅がこの会議に参加したのは、加耶地域への侵攻を意図していたからであろうし、安羅が参加したのは百済や新羅の侵攻に備えてのことと推定される。そして、その会議が倭で開かれたということは、倭も加耶地域に対する影響力を持っており、その倭と結ぶことを各国が求めたからとみてよいであろう。おそらくそれは、倭の軍事力に期待してのことと考えられる。

領有化に関する記事

そして、「己汶・帯沙」が百済の領有化に組み込まれていく過程については、次のように記している。

4　継体紀八年（五一四）三月条

三月に、伴跛、城《さし》を子呑《しとん》・帯沙に築《つ》きて、満奚《まんけい》に連《つ》け、烽候《とぶひ》・邸閣《や》を置きて、日本《やまと》に備ふ。復《また》城を爾列比《にれひ》・麻須比《ますひ》に築きて、麻且奚《ましよけい》・推封《すゐふ》に絙《わた》す。士卒《いくさびと》・兵器《つはもの》を聚《つど》へて、新羅を逼《せ》む。子女《をのこめのこ》を駈略《からめとら》へて、村邑《ふれ》を剝掠《さきかす》む。凶《あ》勢《た》の加《かか》る所、遺類《のこるもの》有ること罕《まれ》なり。夫れ暴虐《しひわざ》し奢侈《おごりすさび》し、悩害《なやましそこな》ひ侵凌《をかししの》ぎ、誅殺《つみなへころ》すこと尤《はなは》だ多し。詳《つばひらか》に載すべからず。

5　継体紀九年（五一五）二月条

春二月の甲戌《きのえいぬ》の朔丁丑《ひのとうし》（四日）に百済の使者《つかひ》文貴将軍等、罷《まか》らむと請《まう》す。仍《よ》りて勅して、物部連 名を闕《もら》せり。 を副へて、遣罷帰《つかは》す。 百済本記に云はく、物部至至《ちち》連といふ。 是の月に、沙都島《さとしま》に到りて、伝《つて》に、伴跛の人、恨を懐《いだ》き毒《あしきこと》を銜《ふく》み、強きことを恃《たの》み虐《さかしま》なることを縦《ほしきまま》にすと聞く。故、物部連、舟師《ふないくさ》五百《いほち》を率《い》て、直《ただ》に帯沙江に詣《いた》る。文貴将軍、新羅より去《まか》りぬ。

6　同四月条

夏四月に、物部連、帯沙江に停住《とどま》ること六日。伴跛、師《いくさ》を興《おこ》して往《ゆ》きて伐《う》つ。衣裳《きもの》を逼《せ》め脱《は》ぎて、所齎《もてるもの》を劫《かす》み掠《うば》ひて、尽《ことごとく》に帷幕《きぬまく》を焼く。物部連等、怖《お》ぢ畏《おそ》りて逃遁《のが》れぬ。僅《わづか》に身命《いのち》を存《い》きて、汶慕羅《もんもら》に泊る。 汶慕羅は島の名なり。

7　継体紀十年（五一六）五月条

夏五月に、百済、前部木刕不麻甲背《ぜんほうもくらふまかふはい》を遣して、物部連等を己汶に迎労《ねぎら》ひて、引導《ひきい》て国に入《い》る。群臣《まへつきみたち》、各衣裳・斧鉄《おのかね》・帛布《きぬ》を出《いだ》して、国物《くにつもの》に助加《いくは》へて、朝庭に積み置く。慰《いこ》へ問ふこと慇懃《ねんごろ》なり。賞禄《たまひもの》節《とき》に優《ゆたか》なり。

8　同九月条

秋九月に、百済、州利即次《つりそじ》将軍を遣して、物部連に副へて来《まうき》、己汶の地《ところ》賜ることを謝《かしこま》りまうす。別《こと》に五経博士漢高安茂《あやのかうあんも》を貢りて、博士段楊爾に代へむと請ふ。請《まう》す依《まま》に代ふ。

これらの記事も多くは「百済本記」によったものと考えられるが、要約すると次のとおりである。

記事の要約

継体八年（五一四）三月、伴跛は倭と戦うため（実際には倭と結んだ百済と戦うため）の準備を進め、一方では新羅にも攻撃を仕掛けた（4）。翌継体九年（五一五）二月、百済の文貴将軍が帰国するにあたり、倭は物部連を派遣し、物部連は水軍五百を率いて帯沙に到った（5）。同年四月、帯沙に留まっていた物部連らを伴跛国が攻撃し、物部連らは敗れ、かろうじて逃れることができた（6）。翌継体十年（五一六）五月、百済は物部連らを己汶に迎えに行き、本国に連れていって慇懃にもてなした（7）。同年九月、百済は州利即次（爾）将軍を遣わして物部連を送り、己汶の地を下賜されたことを謝した（8）。

つまり、己汶・帯沙の領有をめぐって百済と伴跛が争い、倭は物部連を派遣して百済

帯沙について

を援助したが、物部連の軍は伴跛に敗れ、結局は自身の軍によって伴跛に勝利した百済が己汶・帯沙の地を領有することになった、ということであろう。

ところで、3には「己汶・帯沙を以て、百済国に賜ふ」とありながら、2では己汶の地の返還要求を記すのみであり、8でも「己汶の地賜ることを謝りまうす」とのみあって、帯沙はあげられていない。そこで、百済による己汶の領有と帯沙の領有とを分けて考える見方もあるが、4にも帯沙の名はみえており、己汶・帯沙の領有問題は同時に生じたとみてよいであろう（森公章『戦争の日本史 一 東アジアの動乱と倭国』）。

帯沙について具体的に記しているのは、継体紀二十三年（五二九）三月条の次の記事である。

9　継体紀二十三年三月条

(イ)春三月に、百済の王《こきし》、下哆唎国守穂積押山臣に謂《かた》りて曰《い》はく、「夫れ朝貢《みつきあ》ぐる使者、恒《つね》に島曲《みさき》を避《さ》るごとに、海中の島の曲《くま》の崎岸《さき》を謂ふ。俗《ひと》、美佐祁《みさき》と云ふ。毎《つね》に風波《かぜなみ》に苦しぶ。茲《これ》に因《よ》りて、齎《もた》る所のものを湿《うるほ》して、全《すで》に壊《そこな》ひて无色《みにく》し。請ふ、加羅の多沙津《たさのつ》を以て、臣が朝貢ぐる津路《みち》とせむ」といふ。是《ここ》を以て、押山臣為請聞奏《きこえまう》す。

(ロ)是の月に、物部伊勢連《いせのむらじ》父根《ちちね》・吉士老《きしのおきな》等を遣して、津を以て百済の王に賜ふ。是に、加羅の王、勅使《みかどつかひ》に謂《かた》りて云はく、「此の津は、官家《みやけ》置きてより以来《のち》、臣が朝貢ぐる津渉《つわたり》とす。安《いづくに》ぞ輒《たやす》く改めて隣の国に賜ふこと得む。元封《はじめよさ》したまひし限《かぎり》の地《ところ》に違《たが》ふ」といふ。勅使父根等、斯《これ》に因りて、面《まのあたりにたま》賜ふに難《かた》みして、大島《おほしま》に却《しりぞ》き還る。別に録史《ふびと》を遣して、果して扶余《くだら》に賜ふ。

(ハ)是に由りて、加羅、儻《ともがら》を新羅に結びて、怨みを日本に生《な》せり。加羅の王、新羅の王の女《むすめ》を娶《と》りて、遂に児息《こ》有り。新羅、初《はじめ》、女を送る時に、幷《あはせ》て百人《ももたりのひと》を遣して、女の従《ともびと》とす。受けて諸県《もろもろのあがた》に散《あか》ち置きて、新羅の衣冠《きもの》を着しむ。阿利斯等《ありしと》、其の服《きもの》変へたることを嗔《いきどほ》りて、使を遣して徴《め》し還す。新羅大きに羞《は》ぢて、翻《かへ》りて女を還さむとして曰《い》はく、「前《さき》に汝聘《なむぢよば》ひしことを承《う》けて、吾便《われすで》に許し婚《あは》せてき。今既に斯《かく》の若《ごと》くは、請ふ、王の女を還せ」といふ。加羅の己富利知伽《こほりちか》未だ詳ならず。報《こた》へて云はく、「夫婦《いもせ》に配合《あは》せて、安《いづくに》か更《さら》に離《さ》くること得む。亦息児有り、棄てて何《いづく》にか往《ゆ》かむ」といふ。遂に、経《ふ》る所に、刀伽《とか》・古跛《こへ》・布那牟羅《ふなむら》、三つの城を抜《さしと》る。亦北の境の五《いつ》つの城を抜る。

この記事の(イ)・(ロ)部分は継体二十三年三月条に掲げられているが、その内容からすると、実際はそれ以前に起きたことを記した記事と考えられる。

継体紀二十三年三月条はじめ部分の内容

(イ)部分は、百済王が穂積臣押山に「加羅の多沙津を百済から倭への朝貢のための津路としたい」といったので、押山はそれを奏上したというのであるが、ここにいう「加羅」は先に述べとおり伴跛のことであり、「多沙津」は帯沙である。つまりこの記事は、百済王が下哆唎に派遣されていた穂積臣押山を通して、倭に帯沙を伴跛から奪って自らの領有下に置くことの承認と、そのための援助（派兵）を要求してきた、ということであろう。

したがってこの記事は、継体七年（五一三）六月条に記す2の記事（百済が穂積臣押山を送ってきたという記事）と対応するものであり、それよりも前のことを述べているとみなければならない。百済は穂積臣押山を送るにあたって、己汶の地の奪還を求める（2）だけでなく、多沙津（帯沙）の領有も要求してきた（9の(イ)）のであり、だからこそ3では「己汶・帯沙の百済への下賜」が述べられているということであろう。

継体紀二十三年三月条半ば部分の内容

次に(ロ)部分は、物部伊勢連父根らを派遣し、多沙津を百済に下賜することを伝えさせたが、この時加羅（伴跛）の王は、「多沙津はもともと加羅が賜ったものであり、たやすく百済に渡すことはできない」といったので、物部連はこのことを加羅王の面前で告げることができず、のちに使者を遣わして扶余（百済）に下賜した、というのである。これは5〜8の記事に対応するものであり、物部伊勢連父根は、そこに登場する物部連（「百済本記」にいう物部至至連）と同一人物である。

継体紀二十三年三月条おわり部分の内容

すなわち9の(イ)・(ロ)部分の記事は、2から8の記事と同一の出来事を述べたものといえるのであり、両者をあわせて考えるならば、事実としては、百済の要求を受けて派遣した物部連（物部伊勢連父根）の軍は伴跛（加羅）に敗れたが、百済は自らの軍によって伴跛を破り、己汶・帯沙の地を手に入れた、ということであろう。その年代は、継体七年（五一三）から十年（五一六）ころのことと考えられる。

次に(ハ)部分についてであるが、これによれば、加羅（伴跛）は百済が倭と結んで己汶・帯沙の地を奪ったので、新羅と結ぶ方針をとり、加羅王と新羅王の娘との婚姻が成立し、その間に子も生まれた。しかし新羅はその勢力を加羅に及ぼそうとしたため、加羅はそれに反発し、結局新羅は加羅を攻撃することになった、というのである。

ここにいう加羅王と新羅王の娘との婚姻は、『三国史記』では法興王九年（五二二）のこととして記されており、そこでは加耶（加羅）の王が新羅に婚姻関係を求めてきたので、法興王は伊飡《いさん》（新羅の官位十七階の第二位）の比助夫《ひじょふ》の妹を送ったとされている。(ハ)に新羅王の娘とあるのとの違いはあるが、同じ婚姻のことを指しているのは間違いないであろう。とすると、㈧部分に述べられていることは、少なくとも五二二年（継体十六年）にまで遡るということになる。

また、㈧の最後に新羅が加羅との境の五城を奪ったとあるのは、対応する記事が継体紀二十四年（五三〇）九月条にみえており、継体二十三年（五二九）よりも後のことであった可能性が高い。㈧部分には、継体十六年（五二二）から二十四年ころの事実が述べられていると考えられる。

すなわち㈧部分によれば、加羅（伴跛）は倭と結んだ百済に対抗して新羅と結ぶ方針をとり、新羅もそれに応じて、五二二年、両者の間に婚姻を通した同盟関係が結ばれた。しかし、新羅は初めから北部加耶地域にもその勢力を及ぼそうとしており、やがて両者の関係にひびが入り、五三〇年には軍事的衝突に至った、ということであろう。

五経博士

さて、ここでいま一つ注意しておきたい点は、2に、百済は五経博士（儒教《じゅきょう》の博士）の段楊爾を送ってきたとあり、8に、段楊爾の交代として高安茂を送ってきたとある点である。これらは、「任那四県の割譲」や「己汶・帯沙の下賜」に対する見返りとしての意味を持ったものと考えられるが、いいかえれば、倭は百済からの新知識の摂取・導入を意図して、百済の南進策を支持する外交方針をとったということである。

この後、欽明紀十五年（五五四）二月条にも、百済から五経博士の王柳貴《おうりゅうき》が馬《ば》丁安《ちょうあん》の交代として送られてきたという記事があり、五経博士は長期にわたって交替で送られてきたことが知られる。また、欽明紀十五年二月条には、易《えき》博士・暦《れき》博士・医《い》博士なども交代のために送られてきたとあり、当時百済からは、五経博士だけではなくさまざまな博士が交代で倭政権のもとに送られてきていた。これらもまた、倭が百済を支持し軍事援助を行う（あるいは行った）ことに対する、倭の側が求めた見返りであったと考えられる。

百済の聖明王

百済では五二三年（継体十七年）に武寧王が死去し、その子の聖《せい》王（聖明《せいめい》王）が即位したが、聖明王（在位五二三～五五四年）も倭と結ぶ方針を継承し、さらに領土の拡張を目指した。新羅も、9の(ハ)部分にあるように、加耶地域に対する領土の拡張を進めたのであり、前章で取りあげた「磐井の乱」が起きたのは、このような状況下のことであった。

三　近江毛野臣の派遣

紀の毛野臣関係記事

前章では、「磐井の乱」を鎮圧したことにより、継体を大王とする中央政権は外交権の一元的掌握が可能になったと述べた。磐井によって行く手を遮られていた近江毛野臣《おうみのけのおみ》は、その後朝鮮半島に渡ることができたのであり、継体紀には、毛野臣の朝鮮半島における行動についても詳しい記事を載せている。

ひとつひとつの記事の引用は省略するが、要点をまとめるとおよそ次のとおりである。

継体二十三年三月条の内容

まず、継体二十三年（五二九）三月条（先に引用した9に続く記事）によれば、近江毛野臣は安羅に派遣され、新羅が侵攻した南加羅《ありひしのから》・喙己呑《とくことん》の再建のための協議を行った。新羅・百済も安羅に使者を派遣して協議に臨もうとしたが、安羅は毛野臣とのみ協議を重ねた、というのである。安羅は、先に述べたとおり南部加耶地域の中心国の一つであり、南加羅は金官《きんかん》国（現在の金海《きんかい》付近にあった国）のことであり、やはり南部加耶地域の中心国であった。喙己呑については明確ではないが、南加羅（金官国）の近くにあった国と推定される。この記事は、新羅の南部加耶地域への侵攻を受けて、それに対処すべく（おそらく安羅からの要請を受けて）毛野臣が安羅に派遣され、交渉に臨んだがうまく進まなかった、ということを示している。

継体二十三年四月条の内容

続いて継体二十三年（五二九）四月条によれば、「任那」の王の己能末多干岐《このまたかんき》（阿利斯等）が来朝し、大伴金村に新羅の侵攻を訴え救助を求めてきたので、金村はそれを天皇（継体）

に伝えた。それを受けた継体は、使いを派遣して己能末多干岐を送るとともに、毛野臣に交渉の進展を促した。毛野臣は「熊川《くまなれ》」（現在の昌原《しょうげん》《チャンウォン》付近）に移って百済・新羅との交渉にあたったが失敗し、新羅の「上臣伊叱夫礼智干岐《いしぶれちかんき》」（軍主の異斯夫）が衆三千を率いてやってくると、「己叱己利城《こしこり》」（久斯牟羅《くしむら》・現在の馬山《ばさん》《マサン》付近）にこもってしまい、金官（須奈《すな》羅《ら》）・背伐《へぼつ》（費智《ほち》）・安多《あた》（多多羅《たたら》）・委陀《わだ》（和多《わた》）の四村を新羅に奪われてしまった、というのである。

ここにいう「己能末多干岐」というのが「任那」（加耶諸国）のうちのどの国の王なのか明確ではないが、大加耶連盟の盟主であった北部加耶地域の加羅（大加耶＝伴跛）の王とする説もある。この説によれば、この段階では、新羅は加羅との同盟関係を放棄し、北部加耶地域への侵攻を開始したということになる（森公章『戦争の日本史 一 東アジアの動乱と倭国』）。

また、金官（須奈羅）・背伐（費智）・安多（多多羅）・委陀（和多）の四村というのは、金官国を構成した主要な村であり、のちの敏達《びたつ》紀四年（五七五）六月条に、「新羅、使を遣《まだ》して調《みつき》進《たてまつ》る。多《にへさ》に常の例《あと》に益《まさ》る。幷て多多羅・須奈羅・和陀・発鬼《ほちき》、四《よ》つの邑《むら》の調《みつき》を進《たてまつ》る」とある四邑に相当する。この敏達紀の記事は、いわゆる「任那の調」（新羅に対し、形式上、任那からの調ということで進上を要求した調）の進上記事であり、右の四邑はのちのちまで倭政権が権益を主張した地域である。毛野臣による交渉はまたも失敗であったということになる。

継体二十四年九月・十月条の内容

そして、継体二十四年（五三〇）九月条によれば、「任那」（安羅）から毛野臣の失政・横暴を訴える使者があり、継体は調吉士《つきのきし》を遣わして毛野臣に帰国を命じたが、毛野臣は策を弄してすぐには召喚に応じなかった。そのため、安羅は百済・新羅とも結んで毛野臣に対抗したが、結局、百済・新羅の二国による加耶地域への侵攻を防ぐことはできなかった、というのである。同年十月条には、帰国した調吉士が毛野臣の失政・横暴を報告したので、目頬子《めづらこ》を派遣して再び毛野臣に帰国を命じたとあり、同年是歳《ことし》条には、毛野臣は帰国途中、対馬《つしま》で病死したとある。

記事の内容の信憑性

これらの記事は、倭（日本）は応神《おうじん》の時以来、官家《みやけ》を設置し朝鮮半島諸国を従属下においてきたとの認識で書かれており、また、事実とは考え難い物語的記述も含まれている。しかし、具体的人名・地名が多く登場し、多くの分注を載せ、「一本」の伝えを引用していることなどからすれば、「百済本記」をはじめとする複数のよるべき原資料に基づいて書かれた記事と考えられる。右に述べたその要点は、事実を伝えたものとみてよいであろう。

要するに、新羅の加耶地域への侵攻を受けて、安羅をはじめとする加耶諸国は倭に援助を求め、倭は毛野臣を派遣して外交交渉にあたらせ、百済・新羅もその交渉に参加したが、結局は失敗に終わり、新羅の南部加耶地域（洛東江《らくとうこう》河口地域）に対する侵攻をくいとめることはできなかった、ということである。この後まもない五三二年、南加羅（金官国）は新羅に降伏することになる。

「磐井の乱」を鎮圧することによって外交権の一元化を可能にした倭政権であったが、その外交政策は、現実には思うように運ばなかったといえよう。

「任那日本府」の実態と「任那復興会議」

なお、倭はその後も「任那復興」（金官国など新羅に併合された加耶諸国の復興）を方針とし、百済の聖明王はこの倭の方針を表向きでは支持し、五四一年と五四四年の二度にわたって「任那復興会議」を開催した。しかし、会議に招集された加羅（大加耶）・安羅・「任那日本府《にほんふ》」、そして百済自身の思惑はそれぞれに違いがあり、会議による進展は得られなかったようである。「任那日本府」の実態をめぐっては諸説があるが、必ずしも倭政権の意向に基づいた行動をとったのではなかった（森公章「「任那」の用法と「任那日本府」（「在安羅諸倭臣等」）の実態に関する研究」）。

任那の滅亡

やがて新羅は安羅など残された南部加耶諸国を制圧し、五六二年には大加耶を降伏させ、北部加耶地域も支配下に組み込むのである。ここに「任那」(加耶諸国)は滅亡するのであり、欽明紀二十三年(五六二)正月条に「新羅、任那の官家を打ち滅しつ」とあり、その分注に「一本に云はく、二十一年に、任那滅ぶといふ」とあるのは、このことを指している。

第七　継体の死とその後

一　継体の墓と葬送儀礼

継体死去の年

「はしがき」や第二章「継体の生年と出自」でも述べたが、継体の死については記紀の間でその伝えに大きな違いがある。『古事記』（継体記）には「天皇の御年、肆拾参歳《よそぢまりみとせ》。丁未《ひのとひつじ》の年の四月九日に崩《かむあが》りましき。御陵《みはか》は三島《みしま》の藍《あい》の御陵なり」とあり、ここにいう「丁未の年」は西暦五二七年に相当する。『日本書紀』（継体紀）には、継体二十五年（五三一）二月丁未（七日）条に「天皇、磐余玉穂宮《いはれのたまほのみや》に崩りましぬ。時に年八十二」とあり、同十二月庚子《かのえね》（五日）条に「藍野陵《あいののみささぎ》に葬《はぶ》りまつる」とある。なお、十二月庚子条の分注には、或本《あるふみ》では継体二十八年（五三四）に崩じたとしているが、本文では「百済本記《くだらほんき》」の記事に従って二十五年とした、との記述がみえる（この分注記事については次節で検討する）。

したがって、継体の正確な死去年は不明とせざるを得ないのであるが、陵が藍（藍野）陵であるという点では両書一致している。また『延喜式《えんぎしき》』（諸陵式）にも「三島藍野陵」「摂津国島上郡《せっつこくしまかみ》に在り」とあり、継体の墓が摂津三島に造営された藍野陵であることは間違いないといいえよう。

太田茶臼山古墳と今城塚古墳

現在、宮内庁が継体陵に治定しているのは、三島古墳群中の太田茶臼山《おおたちゃうすやま》古墳（大阪府茨木《いばらき》市。墳丘全長約二百二十六メートルの前方後円墳《ぜんぽうこうえんふん》）である。しかし、この古墳は五世紀中ごろの築造と推定されており、時期的に継体の墓としてふさわしくない。今日、実際の継体陵と考えられているのは、六世紀前半の築造と推定される同古墳群中の今城塚《いましろづか》古墳（大阪府高槻《たかつき》市。墳丘全長約百九十メートルの前方後円墳）である。

太田茶臼山古墳を継体陵と考えるようになったのは、江戸時代になって陵墓についての関心が高まってからのことである。松下見林《まつしたけんりん》の『前王廟陵記《ぜんのうびょうりょうき》』（元禄十一年〈一六九八〉）、本居宣長の『古事記伝《こじきでん》』（寛政十年〈一七九八〉）、蒲生君平《がもうくんぺい》の『山陵志《さんりょうし》』（文化五年〈一八〇八〉）などは、地名考証の結果、藍（藍野）陵を下島郡安威《あい》郷の地に求め、太田茶臼山古墳こそがそれにあたるとし、それを受けて幕末には太田茶臼山古墳が継体陵に治定され、そのまま今日に至っている。

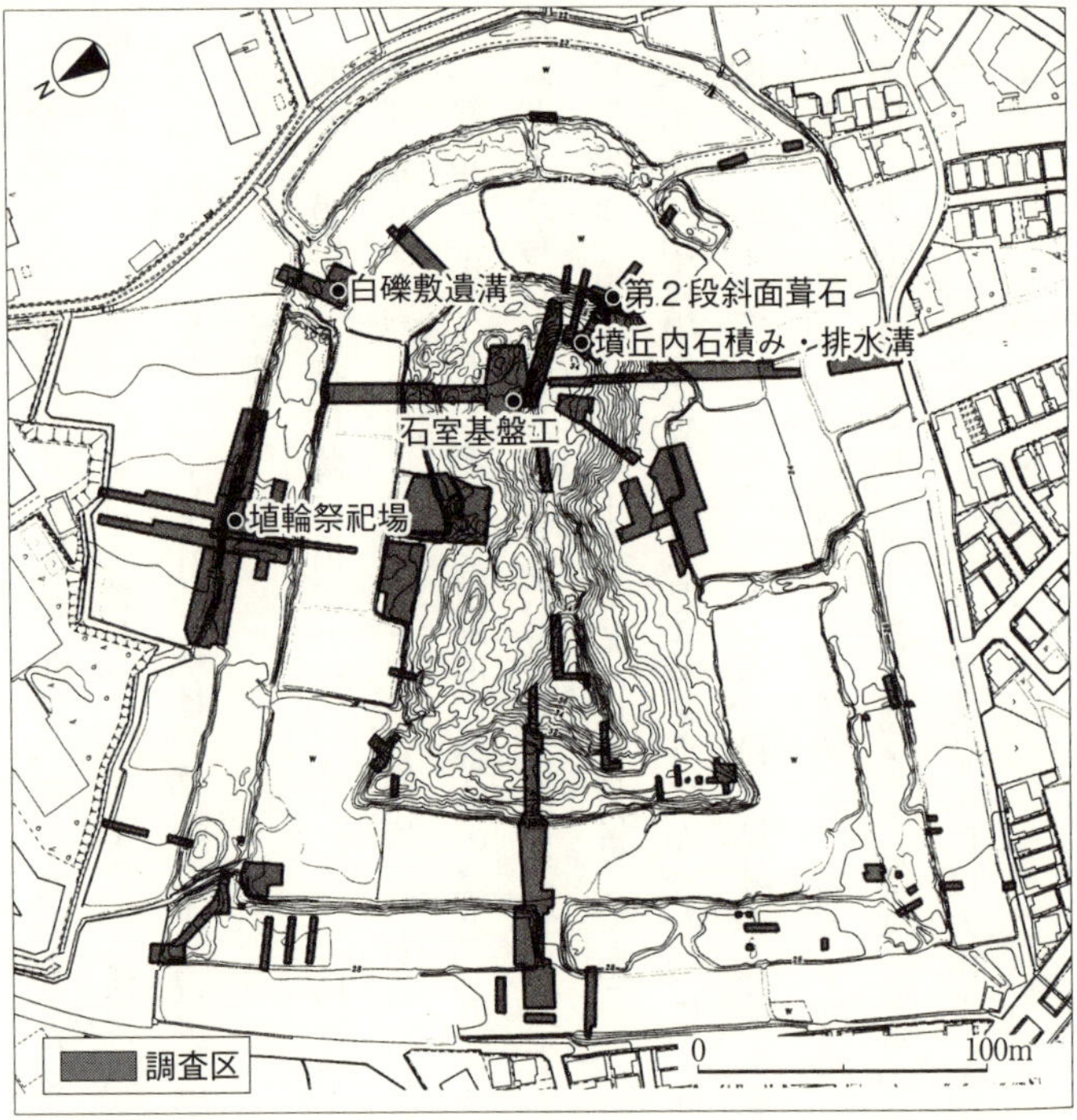

今城塚古墳平面実測図（森田克行『よみがえる大王墓　今城塚古墳』より）

一方、今城塚古墳を継体陵とする見方も、江戸時代にはすでに存在していた。太田茶臼山古墳が継体陵に治定されたのちもその説は唱えられてきたが、それが決定的になったのは戦後の考古学の発達によってのことである。とくに、昭和六十三年（一九八八）から平成八年（一九九六）の間に三回に分けて行われた新池《しんいけ》遺跡の調査は太田茶臼山古墳と今城塚古墳の年代を明らかにするものであった。新池遺跡は三島古墳群のなかに位置する大規模な埴輪《はにわ》生産工房遺跡であり、太田茶臼山古墳の埴輪も今城塚古墳の埴輪もここで生産された。そして、平成九年（一九九七）からは今城塚古墳自体の発掘調査も開始され、さらに多くのことが明らかになった。

それらの成果により、今城塚古墳について概観すると次のとおりである。

今城塚古墳の墳丘

墳丘は二重の盾形の濠《ごう》に囲まれており、外堤《がいてい》を含めた全長が三百五十メートルをこえる大規模な前方後円墳である。前方部は二段、後円部は三段に築かれ、くびれ部の両側には造出《つくりだし》が設けられている。その築造年代については、従来から推測されていたとおり六世紀前半であることが確認され、この時期の古墳としては全国的にみて最大規模の古墳である。

円筒埴輪の「船絵」

墳丘各段の平坦部（テラス）や内堤《ないてい》には円筒《えんとう》埴輪と朝顔形《あさがおがた》埴輪が立て並べられ、円筒埴輪には、その多くに二本マストの帆船が帆をおろして碇泊した状態の「船絵」が描かれていた。墳丘の斜面には葺石《ふきいし》が施され、盛土《もりつち》の内部にもそれを堅固にするための石積みがあり、その下部からテラスに向けて、排水のための石組みの溝が検出された。同様の石組みの溝は、放射状に何本も築かれていたと推定される。

埋葬施設と石棺

船絵が線刻された円筒埴輪

(『高槻市立今城塚古代歴史館　平成26年度秋季特別展　古墳時代の船と水運』より)

埋葬施設は横穴式石室《よこあなしきせきしつ》と推定されるが、古くから盗掘にあい、また慶長《けいちょう》元年（一五九六）の伏見《ふしみ》地震で墳丘が大きく崩壊したため、確実な形態は不明である。発掘調査により「石室基盤工」といわれる石敷きの遺構が検出され、その上に構築されたことが明らかになった。また、多くの石棺《せっかん》の破片が発見され、石室内には三基の家形《いえがた》石棺がおさめられていたことも判明した。熊本県の阿蘇《あそ》ピンク石製の石棺、兵庫県の竜山石《たつやまいし》製の石棺、大阪府と奈良県の境にある二《に》上山《じょうさん》の白石凝灰岩製の石棺の三基である。

「埴輪祭祀場」

そして多くの注目を集めたのは、内堤の北側に長さ六十五メートルにわたって張出部《はりだしぶ》が設けられ、そこに多くの形象《けいしょう》埴輪が配列されていたことである。その張出部は「埴輪祭祀場」と呼ばれるが、内堤が造成されたのちに設置されたものであり、柵形《さくがた》埴輪列によって四つの区画に分けられていた。その配列からは盛大な葬送《そうそう》儀礼《ぎれい》の行われたことが推定される。

発掘調査にあたった森田克行によれば、「埴輪祭祀場」は継体の死後に行われた殯宮《ひんきゅう》《もがりのみや》儀礼を顕彰するものであったという（森田克行『日本の遺跡　七　今城塚古墳と三島古墳群』、同『よみがえる大王墓・今城塚古墳』など）。

「埴輪祭祀場」におけるその配列の意味をめぐってはさらに多くの議論がなされるであろうが、ここでは、継体の死後に盛大な葬送儀礼が執り行われたと考えられる点に注意しておきたい。

また、今城塚古墳は継体の生前からその造営が開始された古墳、いわゆる寿墓《じゅぼ》（寿陵《じゅりょう》）と考えられるが、なにゆえ継体は墓所をこの地に定めたのであろうか。

継体の本拠地と三島古墳群

第二章の三「継体の婚姻関係」でもふれたが、三島古墳群を継体の一族の奥津城《おくつき》とし、継体の本拠地をこの地に求める説もある。たしかに、ある古墳群の造営集団は、その古墳群の所在地を含む付近の地域を本拠地とした集団、と考えるのが一般的である。しかし、すべての古墳についてそのようにいえるのではなく、とくに大王墓についてはそうではなかった場合も多かったと考えられる。

今城塚古墳は、円筒埴輪に描かれた「船絵」に注目するならば、朝鮮半島との交流や「磐井の乱」に対応するため、交通上の要地を選んで造営された、ということも考えら

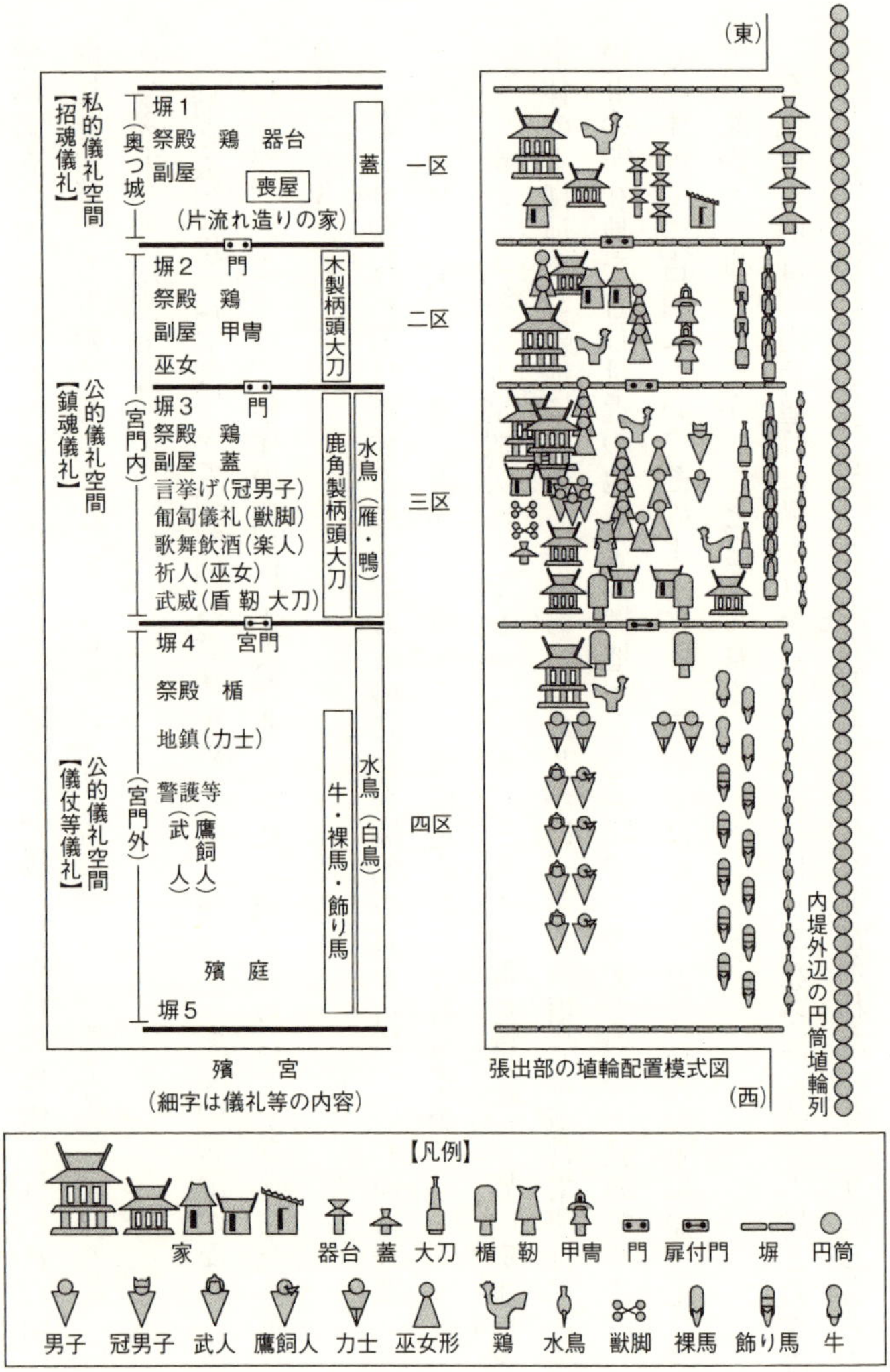

埴輪祭祀場復元図（森田克行『よみがえる大王墓　今城塚古墳』より）

れるであろう。第三章の二「即位事情」で述べたとおり、継体は、即位以前から近江《おうみ》を本拠としつつも、琵琶湖《びわこ》と大阪湾を結ぶ淀川《よどがわ》水系を掌握し、各地に拠点を築いていたと推定されるのである。三島の地も、即位以前からの拠点の一つであった可能性が高いといえよう。

二 「辛亥の変」と二朝並立説

「百済本記」の記述

先に述べたとおり、継体紀二十五年（五三一）十二月庚子（五日）条の分注には、継体の死を継体二十五年のこととした理由が記されている。その全文を引用すると次のとおりである。

1 継体紀二十五年十二月庚子条分注

或本に云《い》はく、天皇、二十八年歳次甲寅《ほしきのえとらにやどるとし》に崩りましぬといふ。而《しか》るを此《ここ》に二十五年歳次辛亥《ほしかのといにやどるとし》に崩りましぬと云へるは、百済本記を取りて文《ふみ》を為《つく》れるなり。其の文に云へらく、太歳辛亥の三月に、軍《いくさ》進みて安羅《あら》に至りて、乞乇《こつとく》城を営《つく》る。是《こ》の月に、高麗《こま》、其の王安《こきしあん》を弑《ころ》す。又聞く、日本《やまと》の天皇及び太子《ひつぎのみこ》・皇子《みこ》、倶《とも》に崩薨《かむさ》りましぬといへり。此《これ》に由《よ》りて言へば、辛亥の歳は、二十五年に当る。後に勘校《かむが》へむ者《ひと》、知らむ。

これによれば、或本では継体の死を継体二十八年（甲寅年）と伝えているが、「百済本記」に、辛亥年に日本の天皇と太子・皇子がともに死んだと書かれていることに従って、二十五年（辛亥年）のこととしたというのである。

空位の出現

安閑《あんかん》即位前紀には、継体は継体二十五年の二月七日、臨終の際に勾大兄《まがりのおおえ》（安閑）を天皇とし、その日に死去したとあり、この点は継体紀の本文と対応している。継体即位前紀に武烈《ぶれつ》が死去した時の継体の年齢を五十七歳としているのも、本文の記述と整合する。

しかし、『日本書紀』は安閑元年の干支を甲寅（五三四年）とするのであり、この点は右の分注（1）にいう或本の伝えと対応している。すなわち継体の死については、或本に二十八年とするのが本来の伝えであり、『日本書紀』編者は「百済本記」の記載によって本来の伝えを訂正したが、安閑元年の干支はそのままにしたため、継体から安閑への継承は臨終の際の譲位としながらも、二年の空位があるという矛盾が生じてしまった、という経緯が考えられるのである。

「辛亥の変」

継体の死についての『日本書紀』の記載にはこのような混乱がみられるのであるが、

いずれにせよ、「百済本記」に「日本の天皇及び太子・皇子、倶に崩薨りましぬ」とあるのが事実の伝えであったならば、それは尋常なことではない。これを「辛亥《しんがい》の変《へん》」と名づけ、継体の死にあたっては何らかの政変があったとする説が提唱されるゆえんである。もちろんそれに対する反対意見もあり、議論はいまだに決着がついていない。そしてこの議論は、継体の死後、一時期二朝が並立したとする説と直接関係する議論である。

欽明即位の年

『日本書紀』によれば、継体の死が辛亥年（五三一）であっても甲寅年（五三四）であっても、それを受けて即位したのは安閑とされる。この点は『古事記』も同じである。しかし、いわゆる「仏教公伝」（百済の聖明《せいめい》王が仏像・経典などを欽明《きんめい》に伝えたこと）の年代について、『日本書紀』では欽明十三年の壬申《みずのえさる》年（五五二）とするが、『上宮聖徳法王帝説《じょうぐうしょうとくほうおうていせつ》』や『元興寺《がんごうじ》縁起《えんぎ》』（天平十九〈七四七〉に元興寺＝飛鳥寺《あすかでら》が政府に提出した寺の縁起と財産目録。ただし現存の縁起がこれに相当するとみることには疑問も呈されている）は、欽明七年の戊午《つちのえうま》年（五三八）としており、後者の伝えによれば、欽明元年は五三二年ということになる。すなわち、『日本書紀』の本文にいう継体の死去年（五三一年）が正しく、『上宮聖徳法王帝説』や『元興寺縁起』の伝えも正しいとするならば、継体の死を受けて即位したのは安閑ではなく欽明であったということになる。

このような年代上の混乱を説明するために提出されたのが、二朝並立説である。この説によれば、継体の死後、一時期欽明と安閑・宣化《せんか》の二朝が並立したというのである。二朝並立説は早く戦前から唱えられていたが、これを発展させ、継体・欽明朝を国家形成上重要な画期をなした内乱期であったと位置づけたのが、林屋辰三郎である（林屋辰三郎「継体・欽明朝内乱の史的分析」）。

林屋によれば、五三一年、蘇我氏を主たる支持勢力とした欽明が継体を討つ（安閑・宣化はかろうじて難を逃れる）という「辛亥の変」が起き、欽明が即位した。その後、それに反対した大伴《おおとも》氏を中心とする勢力が、五三四年、安閑を擁立し、安閑の死後は宣化を擁立して、二朝が並立・対立するという状態になった。しかし五三九年、宣化が死去し、翌年大伴金村《かなむら》も失脚して、欽明の側に統一された、というのである。

並立説への疑問

林屋説を基本的に承認する見方は今日においても有力であるが、年代の混乱はそれぞれがよりどころとした暦の違いにすぎないとする見方もある（三品彰英「「継体紀」の諸問題」）。また、『上宮聖徳法王帝説』や『元興寺縁起』などに伝える年代も、必ずしも信憑性の高いものではない。しかも、継体から安閑への継承は、本来の伝えでは継体二十八年（甲寅年〈五三四〉）のこととされていたのであり、それに従えば、空位期間もなく、政変の起きたことを推測させるような記述は存在しないことになる。

また、前節で述べたとおり、継体の墓と考えられる今城塚古墳においては、継体の死後に盛大な葬送儀礼が行われているのであり、そのことからも、継体の死に際しての政変を想定するのは困難ではないかと考えられる。

「百済本記」の記述の信憑性

それでは、辛亥年に日本の天皇と太子・皇子がともに死去したと聞いた、という「百済本記」の記述はいかに考えられるのであろうか。

1によれば、百済がこの情報を得たのは辛亥年（五三一）の三月、百済軍が安羅に進んだ時であったとされる。すなわち、前章の三「近江毛野臣の派遣」に述べたように、加耶《かや》諸国をめぐる問題が緊迫化し、倭政権も毛野臣《けのおみ》を安羅に派遣して交渉にあたらせたが失敗に終わったというその直後（あるいはその交渉の最中）のことであったと考えられる。

百済がこの時に得たもう一つの情報、「是の月に、高麗、其の王安を弑す」という情報は、『三国史記《さんごくしき》』にも五三一年に安蔵《あんぞう》王が死去したとあり、一定の事実に基づいた情報とみることができる。『三国史記』には安蔵王が殺害されたという記述はないが、嗣《し》子《し》がなかったので弟の安原《あんげん》王が即位したとあり、実際には王が殺害されるという政変があったという可能性も否定できない。とすると、同時に得た情報も信憑性が高いということになるのであろうか。

表記の問題

しかし、「日本の天皇及び太子・皇子」という「日本」「天皇」などの表記に注意するならば、「百済本記」のもとになった史料にこのように書かれていたとは考えられない。つまりこの情報については、「百済本記」の記事そのものの信憑性に問題があるとしなければならないのである。もちろん、「日本の天皇及び太子・皇子」という表記はのちに書き換えたものであるとして、内容的にはこれに相当する情報を実際この時に百済が得た、と解釈することは可能である。

虚偽の情報

この点について、「辛亥の変」を認める立場から、これは欽明の側が流した虚偽の情報であったとする説も提出されている（川口勝康「在地首長制と日本古代国家」、山尾幸久『日本国家の形成』）。たしかに、百済側が実際にこのような内容の情報を得たとするならば、それは虚偽の情報であったとするのが妥当と考えられる。ただしその場合、それを流したのは政変を起こした欽明側、とのみ解する必要はないであろう。新羅《しらぎ》、あるいは安羅側が、倭と結ぶ百済を牽制するために流したということも、十分に考えられる。

要するに、継体の死に事件性はなく、「辛亥の変」は存在しなかったとみるのが妥当であり、継体の死後は安閑・宣化そして欽明へと王位が継承されていったとする記紀の記述は、年代の細部はともかく、事実とみてよいと考えられるのである。

三　蘇我氏の登場

大連の任命

安閑即位前紀には、継体の臨終の際における安閑の即位を述べたのちに、「是の月に、大伴大連《おおむらじ》を以て大連とし、物部麁鹿火《もののべのあらかひ》大連をもて大連とすること、並《ならび》に故《もと》の如《ごと》し」とある。「是の月」というのは継体二十五年（五三一）二月のことであり、「大伴大連」というのは大伴金村のことである。『日本書紀』によれば、大臣・大連の任命は雄略《ゆうりゃく》朝に始まり、継体の即位にともなっても、大伴金村と物部麁鹿火が大連に、許勢男人《こせのおひと》が大臣に任じられたとあるが、これらの任命記事が事実と考えられないことは、第一章の六「雄略死後の政治過程」や第四章の一「大伴氏と物部氏」で述べたとおりである。

しかし、大伴金村と物部麁鹿火が継体の時代に執政官的役割を果たしたことは事実とみてよいこと、また継体の時代に、その即位を支持した勢力に「連」の称号が与えられたと考えられること、これらの点も第四章の一に述べたとおりである。したがって、継体の即位にともなってということではないが、継体の時代のある時期に、大伴金村と物部麁鹿火が「大連」に任命された可能性は十分に考えられるであろう。そうであれば、右の記事において、安閑の即位にともなっての金村・麁鹿火の大連任命を「並びに故の如し」とするのは、事実を伝えているということになる。

蘇我稲目の大臣任命

安閑は、『日本書紀』によれば安閑二年（五三五）十二月に死去し、次いで同母弟の宣化が即位したとされる。そして、宣化紀元年（五三六）二月朔《ついたち》条には次のように記されている。

2 宣化紀元年二月朔条

大伴金村大連を以て大連とし、物部麁鹿火大連をもて大連とすること、並びに故の如し。又蘇我稲目宿禰《そがのいなめのすくね》を以て大臣とす。阿倍《あへ》大麻呂《おほまろ》臣をもて大夫《まへつきみ》とす。

これは、蘇我稲目が『日本書紀』に登場する最初の記事であり、稲目は突然「大臣」として登場する。また、「大臣」という職（地位）も実際にはこの時に始まるとみるのが妥当であり、今日においては一般的にもそのように考えられている。

蘇我氏の系譜

蘇我氏は、武内宿禰《たけしうちのすくね》（十二代景行《けいこう》から十六代仁徳《にんとく》までの五代にわたって執政官として仕えたとされる伝承上の人物）の後裔《こうえい》氏族の一つであり、武内宿禰の子の蘇我石川宿禰《そがのいしかわのすくね》を祖とする。蘇我氏の系譜は、石川宿禰の子が満智《まち》、その子が韓子《からこ》、その子が高麗《こま》、そしてその子が稲目と続くが、高麗までの人物については実在性が乏しく、実際の蘇我氏の初代は稲目と考えられる。もちろん稲目の父祖は実在し、蘇我氏の前身集団も存在したのであるが、大王に仕える集団（ウヂ）としての蘇我氏は稲目に始まるということである。

蘇我氏の出自

　蘇我氏の出自については、渡来人《とらいじん》説や、五世紀に有力であった葛城《かつらぎ》一族の勢力を継承した一族とする説など諸説がある。渡来人説においては、応神《おうじん》紀二十五年条に百済の権臣《けんしん》として登場する木満致《もくまち》と蘇我満智を同一人とみるのであり、葛城説においては、推《すい》古《こ》紀三十二年（六二四）十月朔条に、蘇我馬子《うまこ》が推古に「葛城県《かつらぎのあがた》」は自分の「本居」であるから領有を認めてほしいと願い出たが拒否された、という記事のあることに注目するのである。ほかにも、もともと蘇我（奈良県橿原《かしはら》市）の地を本拠としていた一族であるという説や、本拠地は河内《かわち》の石川（大阪府南河内《みなみかわち》郡）にあったとする説もある。

蘇我氏の台頭

　『古語拾遺《こごしゅうい》』（平安時代の初め、斎部広成《いんべのひろなり》によって編集された斎部氏の活躍を中心に述べた歴史書）には、雄略朝に大蔵《おおくら》が建てられ、斎蔵《いみくら》・内蔵《うちつくら》・大蔵の三蔵《さんぞう》を蘇我満智が検校《けんぎょう》（管理）したという話が載せられている。この話をそのまま事実の伝えとみることはできないが、蘇我氏が朝廷の財政管理にあたっていたこと、またその実務を担当した渡来人との関係が深く、渡来系氏族を掌握して台頭していったことなどは、事実と考えてよいであろう。

蘇我氏の登場

稲目が突然「大臣」として登場する事情については、稲目の一族（蘇我氏の前身集団）がそれまでは王権に従属していなかった一族であり、しかも当時の最有力の一族であったため、王権が最高位を与えるという待遇をもって臣下に組み込んだ、ということが考えられるのではなかろうか。継体・安閑・宣化の王権には、なお臣従していなかった有力豪族が少なからず存在し、その代表格が蘇我氏の前身集団であったと推測されるのである。

六、七世紀の合議制

また、2の記事においては、阿倍大麻呂が「大夫」に任じられたとあることも注意される。六、七世紀の倭政権において、有力な氏（ウヂ）の長による合議が、諸政策の決定や大王位の決定などに重要な役割を果たしていたことは間違いないであろう。この合議に参加した有力者はマヘツキミと呼ばれたのであり、そのマヘツキミは、『日本書紀』では「大夫」「群臣」「群卿」「公卿大夫」などさまざまに表記されている。

この合議の制度は、連合政権段階での大王を囲んだ有力豪族らの合議とは性格を異にし、マヘツキミは、2の記事に示されるように大王に任命される存在であった。「マヘツキミ」という語は、大王（オホキミ）の前に侍《はべ》り、それに仕える貴人という意味の語であろう。

オホマヘツキミ―マヘツキミ制

そして、このマヘツキミの代表、合議における議長格が「大臣」「大連」であったと考えられる。「大臣」「大連」は普通オホオミ・オホムラジと読まれているが、「大臣」についてはオホマヘツキミと読むべきであるとする説がある。この説によれば、六、七世紀の氏族合議制はオホマヘツキミ―マヘツキミ制として捉えられるべきであるという（黒田達也「日本古代の「大臣」についての一試考」、倉本一宏「氏族合議制の成立―「オホマヘツキミ―マヘツキミ」制―」）。

オホマヘツキミとしての「大連」

妥当な見解というべきであろうが、この説においては、「大連」は「連」の敬称に過ぎず、「大臣」と並ぶ職位としての「大連」は存在しなかったとされる。しかし、これまで述べてきたとおり、大伴金村や物部麁鹿火らが執政官的地位にあったことは事実と考えられるのであり、職位としての「大連」を否定する必要はないであろう。

第四章の一「大伴氏と物部氏」で述べたとおり、カバネの臣（オミ）は、もともとは大王に仕える臣下を意味する漢語の臣（シン）に由来する称号であり、同じく連（ムラジ）は大王に連なる意味の漢語の連（レン）に由来する称号であったと考えられる。すなわち「臣」も「連」も、倭語でいう場合はマヘツキミであったと考えられるのである。のちの記事になるが、用明《ようめい》紀元年（五八六）五月条には、蘇我馬子《うまこ》大臣と物部守屋《もりや》大連を指して「両大臣」と記しており、それはふつう「両《ふたり》のオホマヘツキミ」と読まれている。「大連」もまた、オホマヘツキミと読まれたとみてよいであろう。

　つまりオホマヘツキミ―マヘツキミ制は、最初は継体の即位を支持し、継体に臣従した勢力を中心に構成された合議制であり、大伴金村・物部麁鹿火を「大連」（オホマヘツキミ）として始まった制度であったと考えられるのである。そしてその後、宣化朝に蘇我稲目がオホマヘツキミ（大臣）に任じられ、阿倍大麻呂がマヘツキミ（大夫）に任じられたことを契機として、すべての有力豪族が参加するオホマヘツキミ―マヘツキミ制が形成されていったとみることができる。

オホマヘツキミ―マヘツキミ制の成立過程

　その時期については、倉本一宏の説くとおり、欽明朝とするのが妥当であろう。倉本は、マヘツキミ会議の具体的様相を描いた『日本書紀』の記事が、欽明紀元年（五四〇）九月己卯《つちのとう》条の新羅征討の会議、同十三年（五五二）十月条の仏教受容の会議など、欽明紀からみられるようになること、『中臣氏系図《なかとみしけいず》』所載「延喜本系《えんぎほんけい》」では、中臣氏は欽明朝にはじめて中臣連の姓を賜って王権に仕えるようになったと記されていること、舒明《じょめい》即位前紀によれば、推古の死後の王位継承者をめぐる紛糾のなかで、大臣蘇我蝦夷《えみし》が山背《やましろの》大兄《おおえ》王に伝えたとされる言葉に、「磯城島宮御宇《しきしまのみやにあめのしたしらしし》天皇《すめらみこと》の世《みよ》より、近世《このよ》に及《いた》るまでに、群卿《まへつきみたち》皆賢哲《さか》し」（磯城島宮御宇天皇は欽明を指す）との文言がみえること、などを理由に欽明朝と考えられるとしたのである。それぞれの記事内容をそのまま事実とみることはできないにしても、そのように描かれていること自体にも注意されるのであり、妥当な見解というべきであろう。

合議制の成立と王統の形成

かつては大王とともに連合政権を構成していたような有力豪族が、大王へ臣従していく過程、すなわち氏（ウヂ）に位置づけられていく過程は、この合議制の形成過程と並行したものであり、それはまた、王統の固定化（有力豪族の誰もが王位に就き得た状況の否定）とも並行して行われていったと考えられる。継体朝はその意味においても画期であった。

大伴金村の失脚

ところで、欽明紀元年（五四〇）九月条には、大伴金村の失脚記事が載せられているが、それは次のとおりである。

3　欽明紀元年九月己卯条

九月の乙《きのと》亥《い》の朔己卯（五日）に、難波祝津《なにはのはふりつ》宮に幸《いでま》す。大伴大連金村・許勢臣稲持《いなもち》・物部大連尾輿等《おこしら》、従《おほみともつか》へまつる。天皇《すめらみこと》、諸臣《まへつきみたち》に問ひて曰《のたま》はく、「幾許《いくばく》の軍卒《いくさ》をもて、新羅を伐《う》つこと得む」とのたまふ。物部大連尾輿等奏《まう》して曰《まう》さく、「少許《すこしばかり》の軍卒をもては、易《たやす》く征《う》つべからず。曩者《むかし》、男大迹天皇《をほとのすめらみこと》の六年に、百済、使を遣《まだ》して、任那の上哆唎《おこしたり》・下哆唎《あるしたり》・娑陀《さだ》・牟婁《むろ》、四県《よつのあがた》を表請《まう》す。大伴大連金村、輒《たやす》く表請《まうし》の依《まま》に、求むる所を許し賜《たま》ひてき。是《これ》に由りて、新羅の怨曠《うら》むること積年《ひさ》し。軽爾《たやすく》して伐《う》つべからず」とまうす。是《ここ》に、大伴大連金村、住吉《すみのえ》の宅《いへ》に居《はべ》りて、疾《やまい》を称《まう》して朝《つかへまつ》らず。天皇、青海夫人勾子《あをみのおほとじまがりこ》を遣して、慰問《とぶら》はしむること慇懃《ねむごろ》なり。大連、怖謝《かしこま》りて曰《まう》さく、「臣《やつこ》が疾《や》む所は、余事《あたしこと》に非《あら》ず。今諸《もろもろ》の臣《まへつきみたち》等、臣を、任那を滅《ほろぼ》せりと謂《まう》す。故《ゆゑ》に恐怖《かしこま》りて朝《つか》へざらくのみ」とまうす。乃《すなわ》ち鞍馬《かざりうま》を以て使に贈《おく》りて、厚く相《ことねむごろに》資敬す。青海夫人、実《あ》る依《まま》に顕《あらは》し奏《まう》す。詔《みことのり》して曰《のたま》はく、「久しく忠誠《まことこころ》に竭《つく》せり。衆口《ひとのくち》を恤《うれ》ふること莫《まな》」とのたまふ。遂に罪とせずして、優《あつ》く寵《めぐ》みたまふこと弥《いよいよ》深し。

金村の失脚と「四県割譲」

これによれば、大伴金村は、物部尾輿らからかつて「任那四県の割譲」を行ったことを非難され、住吉（大阪府大阪市）の宅に引退したというのである。病と称して朝参しなかった金村に対し、欽明は夫人を遣わして慰問し、長年の忠誠を称え、罪することはなかったとする後半部分は、欽明の寛大さを示そうとした作文とみるのが妥当であろう。また前半部分についても、なにゆえこの欽明元年という段階で、突然三十年近く前の割譲の責任が問われるのか不自然であり、「任那四県の割譲」と金村の失脚とは直接の因果関係はないとする説もある（八木充「大伴金村の失脚」）。

金村の失脚の理由

ただ、前章の一「任那四県の割譲」で述べたとおり、「割譲」記事（継体紀六年〈五一二〉十二月条）のなかの、百済に割譲を認める旨を伝える勅使の役を物部麁鹿火が辞退したという話や、金村が百済から賄賂を受け取ったという流言の話は、金村失脚の伏線として載せられたものと考えられるのである。これらの話を事実とみることはできないが、このような話がわざわざ載せられたのは、『日本書紀』編者に、金村の失脚は「任那」問題に由来する、との認識があったからであろう。その認識自体は事実に基づく可能性が高いと考えられる。

大伴金村が外交問題でも重要な役割を果たしていたことは、継体紀二十三年（五二九）四月戊子《つちのえね》条に、任那の王の己能末多干岐《このまたかんき》（阿利斯等《ありしと》）が大伴金村に、新羅に攻撃されているので救助してほしいと訴えてきた、という記事のあることにも示されている。

物部氏との対立

また、金村の失脚の原因に物部氏との対立があったことも、事実と考えられる。継体・欽明朝の内乱を認める立場からは、金村失脚の理由として、安閑・宣化と結んだ大伴氏と、欽明と結んだ蘇我氏との対立があったとするのであるが、右の記事からすれば、大伴氏と物部氏の対立をこそ想定するべきであろう（加藤謙吉『蘇我氏と大和王権』）。

四　王統の形成

欽明の即位

『日本書紀』（欽明即位前紀）によれば、宣化四年（五三九）十月に宣化が死去し、それをうけて同年十二月に欽明が即位したとされる。欽明は継体と仁賢《にんけん》の娘の手白髪命《たしらかのみこと》（手白香皇女）との間に生まれた子であり、継体の多くの子のなかで特別な位置にあったことは間違いないと考えられる。そのことは、継体の多くの子のなかで安閑・宣化を除けば、欽明のみが即位しているという事実からも推測されるであろう。

第三章の二「即位事情」にみたとおり、継体と手白香皇女との婚姻は継体の即位（大和入り）にあたっての政略結婚であり、その後は手白香皇女が継体の正妻的立場にあったと考えられる。『日本書紀』では手白香皇女を「皇后」に立てたと記し、『古事記』においても手白髪命（手白香皇女）をとくに「大后」と注記している。

王統の固定化

欽明の即位は正妻（「大后」「皇后」）の子であるから、というのが記紀の認識であるといってよい。そして欽明は、異母兄である宣化の娘の石姫《いしひめ》皇女（母は仁賢の娘の橘仲《たちばなのなかつ》皇女）を正妻とし（欽明紀元年〈五四〇〉正月甲子《きのえね》条）、欽明の次はその間に生まれた敏達《びだつ》が王位を継承していくのである。このことは、欽明の血統が王統として固定化されていったことを示すものとして注意されるが、このころの王位継承の原則をめぐっては、父子直系継承説・兄弟継承説・世代内継承説などがあり、共通した理解は得られていない。

六、七世紀の王位継承の次第を系図化すると、二一四〜二一五頁の図のとおりである。この図に示されるとおり、当時の実際の王位継承の次第は、女性の大王が登場したこともあり、さまざまであった。

王統の特徴

一方、当時の大王の婚姻が近親婚と多妻婚に特徴があったことは事実である。この点に着目した河内祥輔は、大王には王位を子孫に伝えている大王（欽明・敏達など）と、一代限りの大王（安閑・宣化・用明・崇峻など）とがあり、前者は大王の娘を母とする（すなわち異母兄妹婚による所生男子である）のに対し、後者はウヂの女性を母としているとして、当時は、異母兄妹婚によって生まれた男子が王位を継承するという、二一六頁に掲げる図のように抽象化される特殊な父子直系継承を原則としていたと説いた（河内祥輔『古代政治史における天皇制の論理』）。この説は、個々の王位継承ではなく、王統の原理を述べたものとして注意されるであろう。

王家における近親婚

近親婚は、一般にはどの社会においてもタブーとされるが、王家にのみそれが行われ

六・七世紀の王統譜

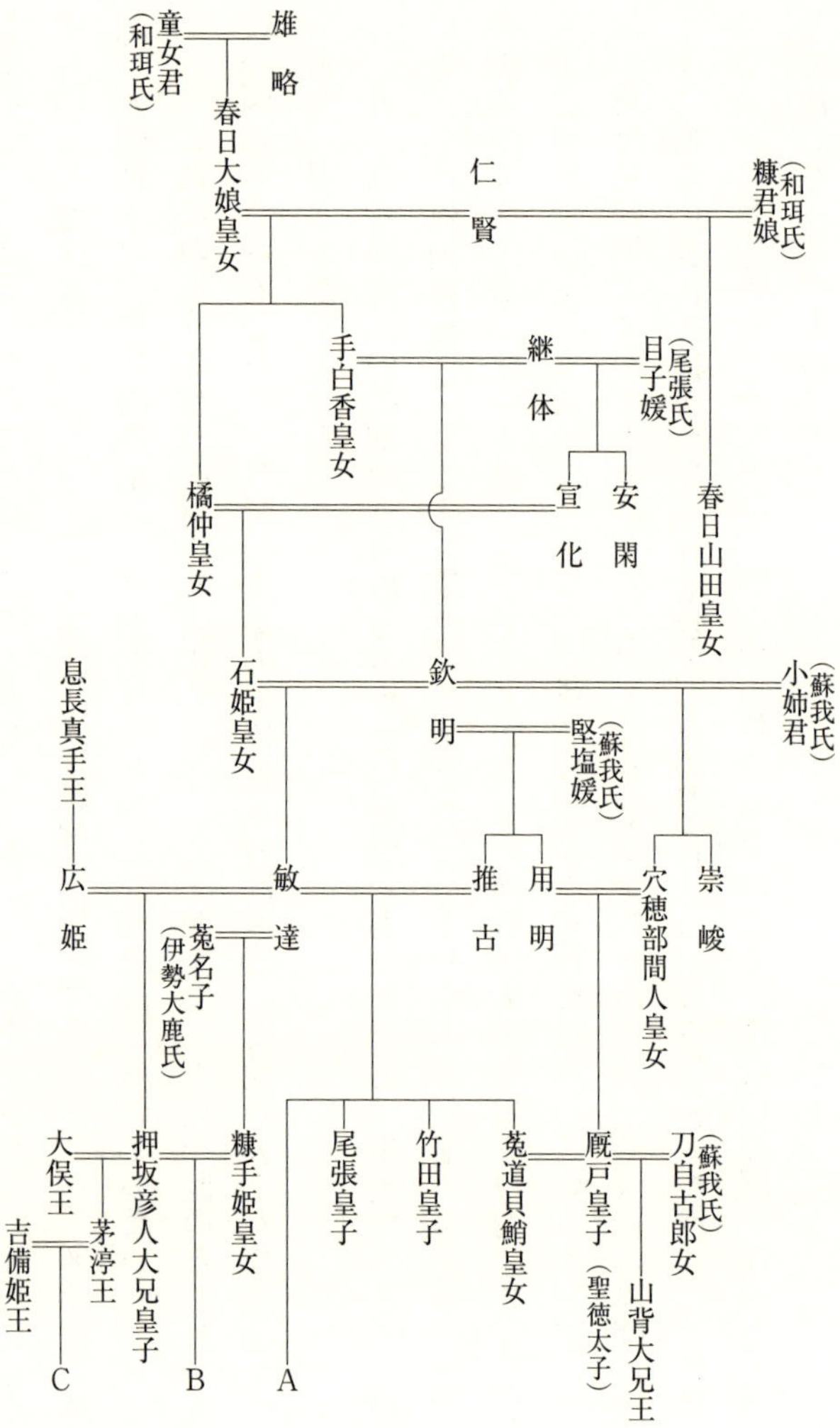
雄略
童女君（和珥氏）
春日大娘皇女
仁賢
糠君娘（和珥氏）
手白香皇女
継体
目子媛（尾張氏）
春日山田皇女
橘仲皇女
宣化
安閑
石姫皇女
欽明
小姉君（蘇我氏）
堅塩媛（蘇我氏）
息長真手王
広姫
敏達
菟名子（伊勢大鹿氏）
推古
用明
穴穂部間人皇女
崇峻
大俣王
押坂彦人大兄皇子
糠手姫皇女
尾張皇子
竹田皇子
菟道貝鮹皇女
厩戸皇子（聖徳太子）
刀自古郎女（蘇我氏）
山背大兄王
茅渟王
吉備姫王
C
B
A

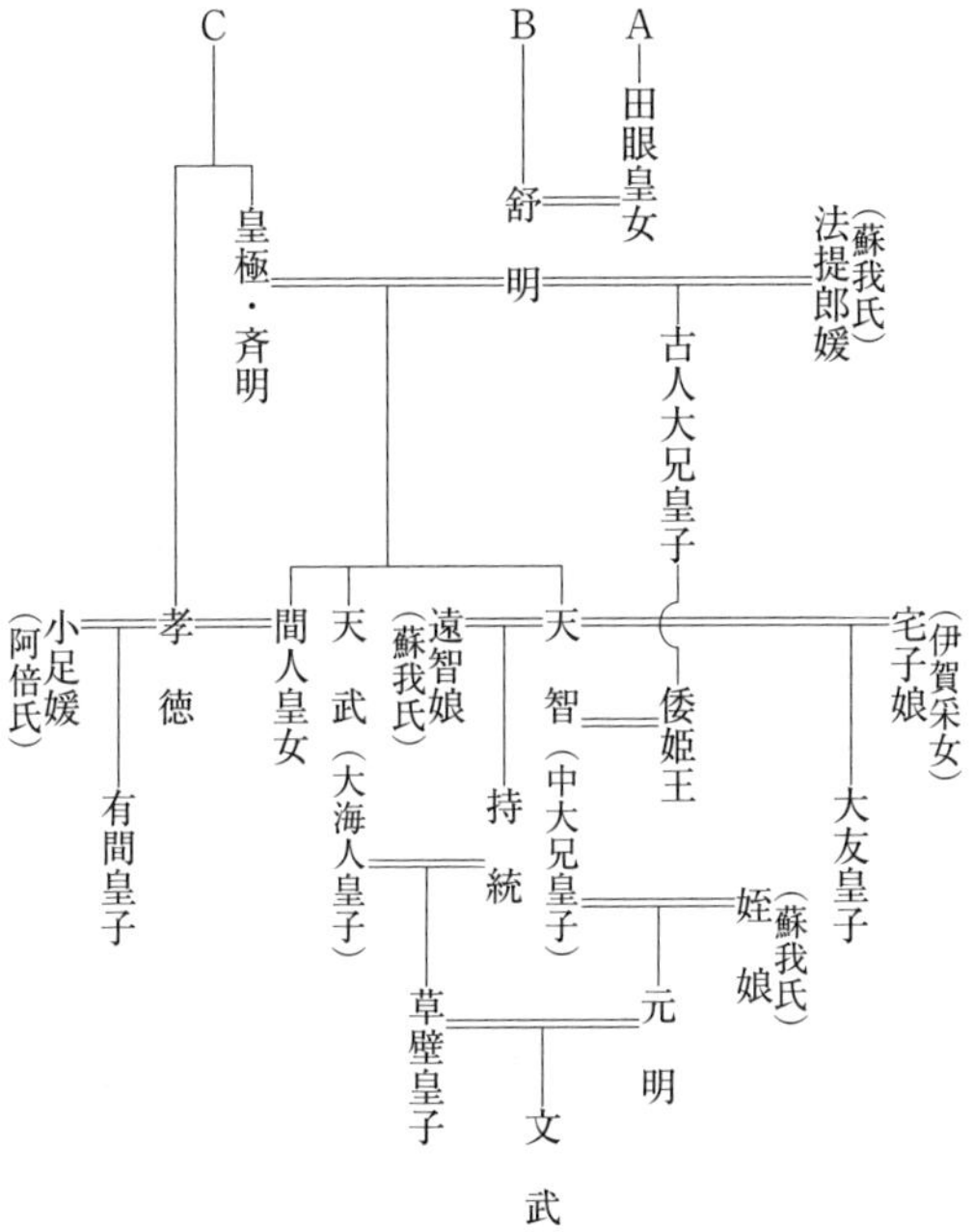

るという現象は、世界史的にみて珍しくないことが指摘されている（大林太良「古代の婚姻」）。王家における近親婚の典型は兄妹婚であるが、倭（日本）の場合、王家においても同母の兄妹婚は、木梨軽《きなしかる》皇子と軽大娘《かるのおおいらつめ》皇女の話（允恭《いんぎょう》記、允恭紀二十三年・二十四年条）に示さ

河内祥輔の王統抽象図

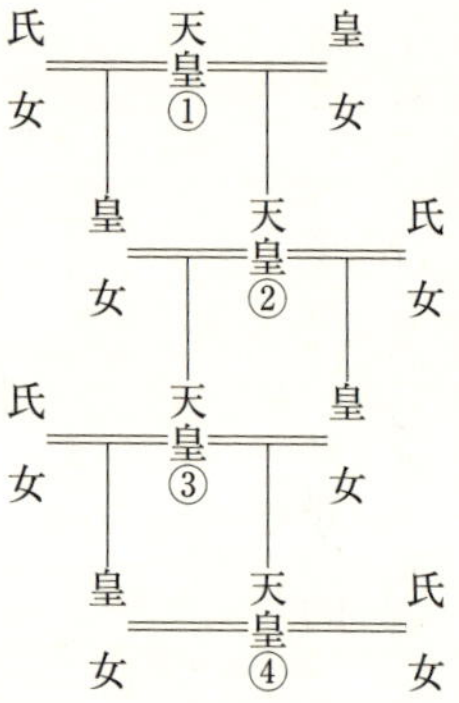

れるように、タブーとされていたようである。したがって、王家における近親婚の典型は異母兄妹婚ということになる。たしかに前掲の王統譜に示されるとおりその例は多い。

ただ、そこにみえる近親婚は、異母兄妹婚に限らず叔父と姪との婚姻も多く認められるのであり、必ずしも河内のいう抽象図のような継承を原則とした、とまではいえないと考えられる。しかし当時の王統が、近親婚を特徴とした特殊な血統であったことは間違いないといいえよう。

王統の原理

六、七世紀の王統は、一般には行われない近親婚を繰り返すことによって、ほかの血統と区別される特殊な血統として形成され、維持されていったと考えられるのである。王統の固定化は、いいかえれば有力な豪族の誰もが王位に就き得た状況の否定であるが、その場合の王統は、一般の豪族の族長位の継承とは異なる原理を持つことが、その形成・維持に有効と判断されたのであろう。

近親婚の導入

そしてその近親婚を導入したのは、異母兄の宣化の娘の石姫皇女を妻とした欽明であった。継体と安閑・宣化も仁賢の娘を妻としているが、その場合は、たとえ継体の応神《おうじん》五世孫が事実であったとしても、近親婚といえるものではない。欽明の死後は欽明と石姫皇女との間に生まれた敏達が即位し、敏達もまた、異母妹の推古を妻とするという近親婚を行っていくのである。ここに、近親婚による所生子（いいかえれば母も王家の人物であるという男子）を王位継承者とするところの、特殊な父子直系継承を原則とした王統が形成されていったといえるのである。

大王の条件

なお当時は、この王統に位置する人物であれば、誰でも王位に就き得たという状況ではなかった。大王は成人でなければならず（幼帝《ようてい》が登場するのは平安時代初めのことである）、大王には大王としての力量が必要とされていたと考えられるからである。支配組織が未発達な段階では、権力の頂点にどのような力量の人物が立つかという問題は、支配者層全体にとって重要な問題であった。

六、七世紀の個々の王位の継承をみると、必ずしも近親婚による所生子の継承にはなっていないが、その理由の一つは右の点に求められる。大王が死去した段階でその子が成人に達していない場合や、成人に達していても力量に欠ける場合は、原則どおりの継承にはならないのである。もちろん、近親婚による所生子が得られない場合もそうである。原則から外れる例があるからといって、そのような原則は存在しなかったということにはならない。

欽明の「皇后」と「皇太子」

また、欽明は石姫皇女を「皇后」に立て、その石姫との間に生まれた敏達を「皇太子《ひつぎのみこ》」に立てたというのであり（欽明紀十五年〈五五四〉正月甲午《きのえうま》条）、右にみた王統は当時の「皇后」「皇太子」のあり方とも無関係でなかったと考えられる。

六、七世紀の「皇后」

そこで、まず「皇后」についてであるが、律令制下の皇后は天皇の正妻であるとともに、一定の政治的権限を持った存在であった。倭（日本）における「皇后」の呼称は、「天皇」号の成立にともない七世紀末に成立したとみるのが妥当であろうが、律令制下の皇后に相当する地位はそれ以前から存在していたとみてよいであろう。それはオオキサキと呼ばれ、「大后」と表記されていたと考えられる。

『日本書紀』によれば、初代の神武《じんむ》天皇の時から「皇后」を立てる制度が存在したように書かれているが、もちろんそれは事実ではない。ただ、六、七世紀の「皇后」（大后）について、天皇（大王）の輔政者ないし共治者、いいかえれば王権の分掌者として描かれている点は、事実を反映した記述である可能性が高い。

大后の役割

たとえば、継体紀元年（五〇七）三月甲子条には「皇后手白香皇女を立てて、内《うち》に修教《まつりごと》せしむ」とあり、「皇后」に後宮《こうきゅう》に関することを修めさせたというのである。欽明即位前紀には、欽明は初め皇位に就くことをためらい「余《おのれ》、幼年《としわか》く識浅《さとりすくな》くして、未《いま》だ政事《まつりごと》に閑《なら》はず。山田皇后《やまだのきさき》、明かに百揆《もものまつりごと》に閑ひたまへり」と述べたとあり、安閑の「皇后」であった山田皇女（春日山田《かすがのやまだ》皇女）も政治に習熟していたとしている。また、持統称制《じとうしょうせい》前紀には、「二年（天武二年）に、立ちて皇后と為《な》りたまふ。皇后、始より今に迄《いた》るまでに、天皇を佐《たす》けまつりて天下《あめのした》を定めたまふ。毎《つね》に侍執《つかへまつ》る際《あひだ》に、輒《すなは》ち言《こと》、政事《まつりごと》に及びて、毗《たす》け補ふ所多し」とあり、「皇后」の持統が天武の輔政者（共治者）であったことをよく示している。

王権を大王一人に集中させた場合、大王の死による王権の動揺は大きいが、大后が王権を分掌するならばその動揺を小さくすることが可能である。大后の制度にはそのような意味もあったと考えられる。

大后制の成立

それでは、そのような大后の制度はいつごろ成立したのであろうか。まず、敏達紀六年（五七七）二月朔条に「詔して日祀部《ひまつりべ》・私部《きさいちべ》を置く」とある「私部」が、大后のために設置された部であるならば、この時に成立したか、あるいはすでに成立していたことになる。そしてそうであるならば、欽明が近親婚を採用し、石姫皇女を「皇后」に立てたということが、大后制の成立という点でも注目されるであろう。以後、六、七世紀の「皇后」（大后）はいずれも王家の女性であり、大王の近親婚の相手が大后に立てられたのである。大后は、自身、王家の血筋であるがゆえに、王権の分掌者たり得たということであろう。

なお、大王の多くの妻のなかから一人の正妻を立てるということでいえば、先に述べたように、継体が仁賢の娘の手白香皇女を妻としたことが注意されるであろう。継体の行った前大王の娘との政略結婚は、大后制成立の契機にもなったと考えられるのである。

「大兄制」

次に「皇太子」についてであるが、律令制下の皇太子は、いうまでもなく次期天皇という地位である。「皇太子」の呼称はやはり七世紀末の成立と考えられるが、皇太子制に先行する王位継承に関わる制度として大兄《おおえ》制が存在していたとする説もある（井上光貞「古代の皇太子」、直木孝次郎「厩戸皇子の立太子について」など）。六、七世紀の王族には、「大兄」の呼称をその名に含む人物が七名認められるが（表3参照）、その「大兄」を王位継承候補者を指す制度的呼称であったとするのである。たしかに表3の七名は、実際に即位したか、即位しなくとも王位継承にかかわったことが伝えられる人物である。

「大兄」の呼称

しかし「大兄」は、名（通称）の一部、または通称そのものとして用いられているのであり、「皇太子」あるいは「大王」「大后」といったような公的地位・身分を示す呼称とは区別されるべきであろう。また、七世紀末から八世紀初頭に書かれたと推定される「船首王後墓誌《ふねのおびとおうごのぼし》」に「大兄刀羅古首《おおえのとらこのおびと》」の名がみえ、『続日本紀《しょくにほんぎ》』文武《もんむ》二年（六九八）四月壬辰《みずのえたつ》条に「秦大兄《はたのおおえ》」の名がみえるように、七世紀末には、王族以外の人物が大兄と呼ばれた例も知られるのである。「大兄」を王位継承にかかわる制度的呼称とみることは困難であろう。

また、「大兄」はオホエともオヒネ（オホヒネ）とも読まれるが、いずれに読んでも、それは兄弟中の最年長者を意味する語であり、漢語としての「大兄」（タイケイ）の語義も同じである。そこで、「大兄」は単に長子を指す語に過ぎないとの見方も示されるのであるが、そうであるならば、なにゆえ長子のなかでも有力な人物に限って

表3　大兄の例

No.	大兄	父	母
1	勾大兄皇子（安閑天皇）	継体天皇	目子媛（尾張氏）
2	箭田珠勝大兄皇子	欽明天皇	石姫皇女
3	大兄皇子（用明天皇）	〃	堅塩媛（蘇我氏）
4	押坂彦人大兄皇子	敏達天皇	広姫（息長氏）
5	山背大兄王	厩戸皇子	刀自古郎女（蘇我氏）
6	古人大兄皇子	舒明天皇	法提郎媛（蘇我氏）
7	中大兄皇子（天智天皇）	〃	宝皇女（皇極・斉明天皇）

「大兄」の呼称が付されるのか、ということの説明がつかない。結局、「大兄」は有力な長子に対して付された敬称であるとする説（田中嗣人『聖徳太子信仰の成立』）が妥当なところと考えられる。ただ、長子に敬称を付すということの背景に、長子相続的な考え方の存在していた可能性は指摘できるであろう。

「大兄」が王位継承にかかわる制度的呼称ではなかったとすると、のちの皇太子に相当する地位は、六、七世紀には存在しなかったのであろうか。

六、七世紀の「皇太子」

『日本書紀』によれば、「皇太子」を立てることは、「皇后」と同じく初代の神武以来のこととされ、五世紀代の天皇にいたるまでは、二、三の例外を除き必ず代々行われたとされる。しかし、それが事実でないことは「皇后」の場合と同じである。それらの記述は、皇后を立て、皇太子を立てることが天皇のあるべき姿であるという『日本書紀』編纂段階の認識に基づくものとみて間違いないであろう。ただし、継体以降の六、七世紀の天皇（大王）については、立太子記事のある場合とない場合があり、これについては『日本書紀』編者の理想から外れるだけに、事実を伝えている可能性が高いとみることができる。

「皇太子」の例

『日本書紀』に立太子記事の載せられる六、七世紀の「皇太子」としては、継体の時の勾大兄皇子（のちの安閑）をはじめとして、欽明の時の渟中倉太珠敷《ぬなくらふとたましき》尊（のちの敏達）、推古の時の厩戸《うまやと》皇子（聖徳太子）、孝徳の時の中大兄《なかのおおえ》皇子（のちの天智《てんじ》）、天智の時の大海人《おおあま》皇子（のちの天武）、天武の時の草壁《くさかべ》皇子の六例があげられる。それぞれの立太子記事は次のとおりである。

4　継体紀七年（五一三）十二月戊子《つちのえね》条

十二月の辛巳《かのとみ》の朔戊子（八日）に、詔して曰《のたま》はく、「朕《われ》天緒《あまつひつぎ》を承《う》けて、宗廟《くにいへ》を保つこと獲《え》て、兢兢業業《おそりあやぶむ》。……盛りなるかな、勾大兄、吾《わ》が風《のり》を万国《よろづのくに》に光《てら》すこと。日本《やまとのくに》邕邕《やはら》ぎて、名天下《あめのした》に擅《ほしきまま》なり。秋津《あきづしま》は赫赫《さかり》にして、誉《ほまれ》王畿《うちつくに》に重し。宝とする所は惟賢《これさかしひと》、善《よきわざ》するを最も楽しぶ。聖化《ひじりのおもぶけ》茲《これ》に憑《よ》りて遠く扇《さか》え、玄功《はるかなるいたはり》此に籍《よ》りて長く懸《かか》れり。寔《まこと》に汝《いまし》が力《つとめ》なる。春宮《ひつぎのみこのくらい》に処《い》て、朕を助けて仁《めぐみ》を施し、吾を翼《たす》けて闕《あやまち》を補へ」とのたまふ。

5　欽明紀十五年（五五四）正月甲午条

春正月の戊子の朔甲午（七日）に、皇子渟中倉太珠敷尊を立てて、皇太子とす。

6　推古紀元年（五九三）四月己卯《つちのとう》条

夏四月の庚午《かのえうま》の朔己卯（十日）に、厩戸豊聡耳《うまやとのとよとみみ》皇子を立てて、皇太子とす。仍《よ》りて録摂政《まつりごとふさねつかさど》らしむ。万機《よろづのまつりごと》を以て悉《ことごとく》に委《ゆだ》ぬ。

7　孝徳《こうとく》即位前紀

是《こ》の日（六四五年六月十四日）に、……中大兄を以て、皇太子とす。

8　天武即位前紀

天命開別《あめみことひらかすわけ》天皇の元年（六六八）に、立ちて東宮《まうけのきみ》と為りたまふ。

9天武紀十年（六八一）二月甲子条

是の日（二月二十五日）に、草壁皇子尊を立てて、皇太子とす。因《よ》りて万機を摂《ふさねをさ》めしめたまふ。

「皇太子」の性格

まず問題とすべきは、4の勾大兄（安閑）の「春宮」（皇太子）記事の信憑性であるが、その前に6・9においては、「皇太子」に立てられると同時に執政の役割を負わされたことが明記されている。ただ、6の厩戸皇子については、実際推古朝において王権の中心にあったのは推古自身とみてよく、「万機を以て悉に委ぬ」とあっても、事実としては大王に代わって政治をとるということではなく、王権を分掌するといったほどの意味と考えられる。また、9の草壁皇子の「万機を摂めしめたまふ」についても、その後天武が政治に関わらなくなったということではなく、王権の一翼を担うようになったという程度の意味であろう。5の渟中倉太珠敷尊（敏達）や7の中大兄皇子の場合も同様に考えられる。8の大海人皇子の「東宮」については、壬申《じんしん》の乱に勝利して即位した天武を正当化するための作文である可能性が高いが、この場合も大海人が天智の輔政者的地位にあったことは認められるであろう。

勾大兄皇子の「皇太子」

そこで4の勾大兄の「春宮」であるが、この記事は漢文的潤色が著しく、ここに記されるとおりの詔が当時実際に発せられたとは考え難い。しかし、勾大兄が継体の後継者（「春宮」）に定められ、同時に輔政者として位置づけられた（「朕を助けて仁を施し、吾を翼けて闕を補へ」）という内容については、事実とみてよいのではなかろうか。

第三章の一「記紀の伝承」で引用した継体紀元年二月庚子条には、大伴金村が継体の即位にあたって手白香皇女を皇后に立て、その間に世継ぎをもうけるよう継体に要請し、継体もそれを承諾したとある。この記事自体も作文と考えられるが、一方においてこのような作文をしながら、もう一方において勾大兄を「春宮」に立てたというような、それに矛盾するような記事を載せるということは、後者の内容自体は事実であることを示すものと考えられる。勾大兄が輔政者的存在であったことは、「任那四県《みまなよんけん》の割譲」記事において、割譲をのちに知った勾大兄が、それを撤回する命令を百済の使者に伝えたが叶わなかったという話が載せられていることにも示されている。勾大兄は「春宮」に立てられる以前から、さらにいうならば継体が即位する以前から、継体の輔政者的役割を果たしていたとみてよいであろう。

輔政者としての「皇太子」

右に掲げた六、七世紀の「皇太子」は、単なる大王の後継者というのではなく、大后と同じく大王の輔政者（王権の分掌者）であったと考えられる。未成人の「皇太子」がみられないのはそのことを示している。また「皇太子」による輔政には、当然大王見習いという意味もあったであろう。

そしてこれらの「皇太子」は、4の勾大兄（安閑）を除き、いずれも大王と大后の近親婚による所生子であることが注意される。当時の「皇太子」が特殊な血統として固定化された王統に則った存在であったことは明らかであろう。

「皇太子」の存否

以上、六、七世紀においても、のちの「皇太子」に相当する地位は存在したと考えられると述べたが、近年では「皇太子」という呼称だけではなく、大王の生前に一人の王位継承候補者を定めるということ自体、七世紀末の軽《かる》皇子（のちの文武）に至るまでは成立していなかったとする説が有力である（荒木敏夫『日本古代の皇太子』）。この説に従うならば、右の六例の立太子記事はすべて否定されることになる。

『隋書』の記事

しかし、『隋書《ずいしょ》』倭国伝《わこくでん》に、当時（六世紀末から七世紀初め頃）の倭王権のあり方を次のように述べていることは注意される。

10 『隋書』倭国伝

開皇二十年（六〇〇）、倭王あり、姓《せい》は阿毎《あめ》、字《あざな》は多利思比孤《たりしひこ》、阿輩雞弥《おほきみ》《あめきみ》と号《ごう》す。……王の妻は雞弥《きみ》と号す。後宮に女六、七百人あり。太子を名づけて利歌弥多弗利《りかみたふり》となす。

これによれば倭王は男性とされているが、当時、実際には推古女帝であったのであり、右の記事には倭王権の一般的なあり方、ないしは本来的なあり方が示されているとみるのが妥当であろう。隋からの使いに対し、「皇太子」の厩戸皇子が倭王として接見したため、隋の側で誤解したということも考えられるが、ただその場合も、わざわざ王の妻と太子について記述している点に注意しなければならない。

『隋書』の「利歌弥多弗利」

文中の「阿毎」「多利思比孤」「阿輩雞弥」「雞弥」「利歌弥多弗利」などは、いずれも当時の倭語を漢字の音を借りて表記したものであり、倭王の「阿毎」はアメ（天）、「多利思比孤」はタラシヒコ（足彦）、「阿輩雞弥」はオホキミ（大王）ないしアメキミ（天君）、王の妻の「雞弥」はキミ（君・王）を指すと考えられる。「利歌弥多弗利」は難解であるが、「利」は「和」の誤りであり、ワカミトホリ（若御統＝若き御血統にある方）という和語を表したとする説が妥当であろう（渡辺三男「隋書倭国伝の日本語比定」）。

つまり右の記事からは、当時の倭に「和歌弥多弗利」（ワカミトホリ）と呼ばれる倭王の後継者を示す地位の存在したことがうかがえるのであり、『隋書』はそれを「太子」と解しているのである。推古紀十五年（六〇七）二月朔条には「壬生部《みぶべ》を定む」とあるが、この「壬生部」はそのワカミトホリ（太子）のために設置された部とみることができよう。

「太子」の存在

要するに、大王と大后との間に生まれた男子が成人に達し、次期大王としての力量をそなえていると判断された場合に太子に立てられたと考えられるのであり、大王を中心に大后と太子（太子は存在しない場合もあるが）が王権を分掌するという形態は、大王と大后の近親婚による所生子が王位を継承するという当時の王統の原理と、まさに一体のものとして存在していたといえるのである。

継体の即位と王統の形成

継体が即位した段階でこのような王統の形成が見通されていたとは考えられないが、結果としてその王統は継体まで遡ることになり、継体以降、今日に至るまで一つの王統が続くということになった。また、継体が即位（大和入り）に際して行った前大王の娘との政略結婚は、一人の正妻を立てるということに繋がり、のちの大后制の端緒となり、勾大兄皇子（安閑）を後継者に定め輔政者としたことは、のちの太子制の端緒となったのである。

継体の時代が古代国家形成上の大きな画期であったことは間違いないといえよう。

むすびにかえて

――継体の人物像――

『人物叢書』でありながら、最後まで読んでも、継体の人物像について何も述べられていないではないか。読者の皆様からこのようなお叱りの声が聞こえてきそうである。たしかにそのとおりである。

継体の人となりについて、『日本書紀』に記述がないわけではない。継体即位前紀には、「天皇《すめらみこと》、壮大《をとこさかり》にして、士《ひと》を愛《め》で賢《さかしき》を礼《ゐやま》ひたまひて、意豁如《みこころゆたか》にまします」とあり、大伴金村《おおとものかなむら》が群臣に継体の擁立を勧める言葉のなかにも、「男大迹《をほと》王、性慈仁《ひととなりめぐみ》ありて孝順《おやにしたが》ふ」（継体元年〈五〇七〉正月甲子《きのえね》条）とある。これによれば、継体は人を愛し、賢人を敬い、心が広く、また慈愛に満ち、親孝行であったというのである。しかし、『日本書紀』の人物評はいわば継体を称えるためのものであり、それをそのまま実際の継体像として受け取ることはできない。

継体については、もちろんその写真や肖像画が残されているわけではなく、著書や筆跡が伝えられているわけでもない。『日本書紀』には継体が発したとする言葉や詔が多く載せられているが、それらを実際の継体の言葉と解することもできない。このようななかでその人物像を描くというのは、容易なことではない。

しかし、継体が本書において述べてきたような生涯を送り、諸政策を打ち出していったとするならば、そのことから、おぼろげながらその人物像をうかがうことはできるであろう。以下、改めて本書で述べてきたところを箇条書きにし、まとめておくことにしたい。

① 継体は彦主人王《ひこうし》（汙斯王《うしおう》）を父とし、振媛《ふるひめ》（布利比弥命《ふりひめ》）を母として近江《おうみ》の高島《たかしま》の地に生まれた。継体が幼い時に父が死去したために、母の振媛は出身地の越前《えちぜん》の三国《みくに》に帰り、そこで継体を育てた。これらの継体即位前紀、および『上宮記《じょうぐうき》』「一云」に伝える話は事実に基づく話と考えられる。

② 父の彦主人王の一族は近江を本拠地とした豪族と考えるのが妥当であり、成長した継体は近江に戻った可能性が高い。また即位する以前から、近江を本拠地としつつも琵琶湖《びわこ》と大阪湾を結ぶ淀川《よどがわ》水系を広く掌握し、各地に拠点を構えていたと推定される。そこからは、即位前の継体が瀬戸内海航路を通しての各地との交

流、さらに朝鮮半島諸国との交流に関心を抱いていたことが推測できる。

③ 即位前の継体は、近江・越前のみならず尾張《おわり》・河内《かわち》など広範囲の地域の女性を妻としており、この点からも積極的に勢力の拡大を図っていたことが推測できる。

④ 継体は即位（大和《やまと》入り）に際して、以前の大王（オホシ大王＝仁賢《にんけん》）の娘である手白《たしら》香《か》皇女（手白髪命）を妻とし、継体の子の安閑《あんかん》・宣化《せんか》も仁賢の娘を妻としている。このことは、継体、安閑・宣化父子にとって、前代の王権を継承するためにはこのような政略結婚を行う必要があったことを示している。また、継体が手白香皇女（手白髪命）を妻としたことは、多くの妻のなかから一人の正妻を立てるということに繋がり、大后《おおきさき》制の端緒となった。

⑤ 記紀によれば、継体は諸豪族の総意によって天皇に迎えられたとあるが、実際には、継体の即位（大和入り）に対してはそれに反対した勢力もあったと考えられる。

⑥ 継体の即位は、それを支持する勢力によって擁立されたという性格が強かったのか、あるいは継体自身が支持勢力と結んで王位を奪ったという性格が強かったのか（もちろん両方の面があったのであろうが）、この点は明確にできない。ただ、継体

を支持した勢力の中心人物が大伴金村《おおとものかなむら》と物部麁鹿火《もののべのあらかひ》（継体の即位の段階ではウヂ名とカバネを有したウヂは未成立であるが）であったことは事実とみてよい。

⑦継体を応神《おうじん》五世孫とする伝えは記紀編纂段階以前から存在していた可能性が高いが、それを事実の伝えとみることはできない。継体即位の段階においては特定の血統に大王位は固定化されておらず（それだからこそ継体の即位も可能であった）、応神五世孫とする伝えは、王統が固定化され、王統譜が作られて以降（六世紀中ごろ以降）のものと考えられる。

⑧継体朝の内政としては、継体を支持した一族に「連」（レン）の身分標識が与えられ、百済《くだら》の制にならった部《べ》の呼称が導入されるなど、氏姓《しせい》制・部民《べみん》制の端緒が形成された。また、国造制も施行されはじめ、王権の直轄地としてのミヤケの設置も開始されたと考えられる。そしてこれらは、地方から大和に入って王権を継承した継体であったからこそ、実施可能な政策であったということができる。

⑨即位後しばらくしてからのことであろうが、大伴金村・物部麁鹿火を「大連」（オホマヘツキミ）に任じ、二人をオホマエツキミとするオホマヘツキミ―マヘツキミ制（氏族合議制）も形成されはじめた。ただ、継体朝においては、すべての有力

豪族を組み込んだ氏族合議制は未成立であったと考えられる。

⑩ 即位後の継体は、いつのことか断定はできないが、勾大兄皇子《まがりのおおえのみこ》（安閑）を後継者に定めた。勾大兄は、継体即位前から継体の輔政者的役割を果たしていたと推定されるが、そのような勾大兄が後継者とされたことは、のちの皇太子《ひつぎのみこ》制の端緒となったと考えられる。

⑪ 朝鮮半島諸国との外交においては百済と結ぶ方針をとり、百済の要請に従って援軍を派遣したが、その見返りとして五経博士《ごきょうはかせ》を迎えるなど先進文物の摂取・導入に努めた。

⑫ 寿陵《じゅりょう》を摂津《せっつ》の三島《みしま》の地に定め、その築造を行ったが、その墓は大阪府高槻《たかつき》市の今城塚《いましろづか》古墳（墳丘全長約百九十メートルの前方後円墳《ぜんぽうこうえんふん》）に比定される。

⑬ 継体の晩年には、九州北部において外交問題とも関連した「磐井《いわい》の乱」が起きたが、大伴金村・物部麁鹿火を派遣してその鎮圧に成功した。「磐井の乱」を鎮圧することによりこの地域に国造制を施行することが可能になり、また外交権の一元的掌握も可能となったが、その後の外交は必ずしも継体の思惑通りには運ばなかった。

⑭　「磐井の乱」の鎮圧後、まもなく継体は死去し、それを受けて安閑が即位した。今城塚古墳においては、継体の死後に盛大な葬送儀礼《そうそうぎれい》の行われたことがうかがえるのであり、継体の死に際しては「辛亥《しんがい》の変」と呼ばれるような政変はなかったと考えられる。

これらの諸点からすると、継体が政治的力量と軍事的力量とを兼ね備えた人物であったことは間違いないといえよう。積極性に富み、広く人望を得ていたことも、容易に推測されるところである。ほかにも、いろいろと推測を加えることは可能であろうが、これ以上のことは読者の皆様の判断に任せることにしたい。本書がその際の参考になれば幸いである。

継体関係系図（『日本書紀』による）

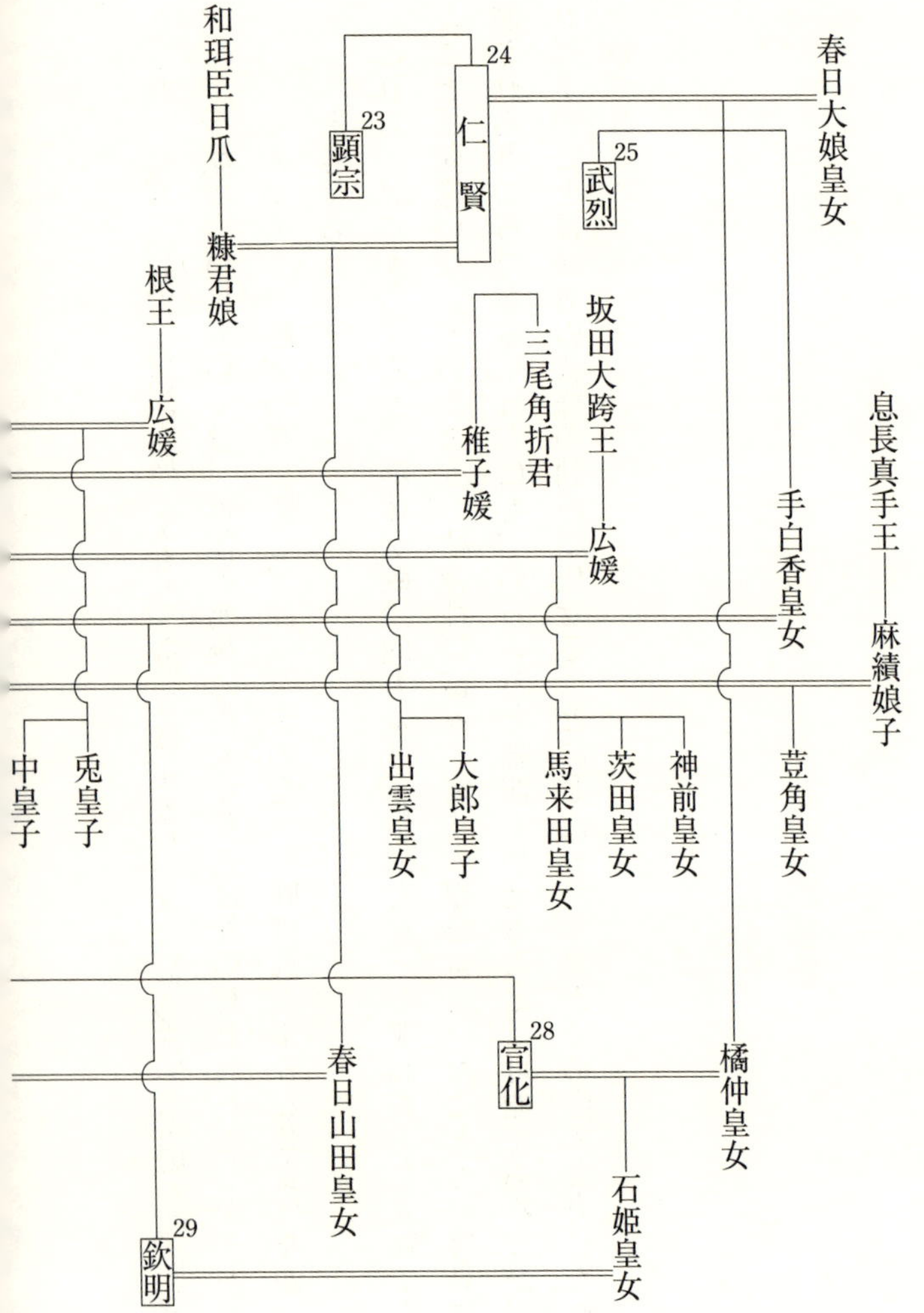

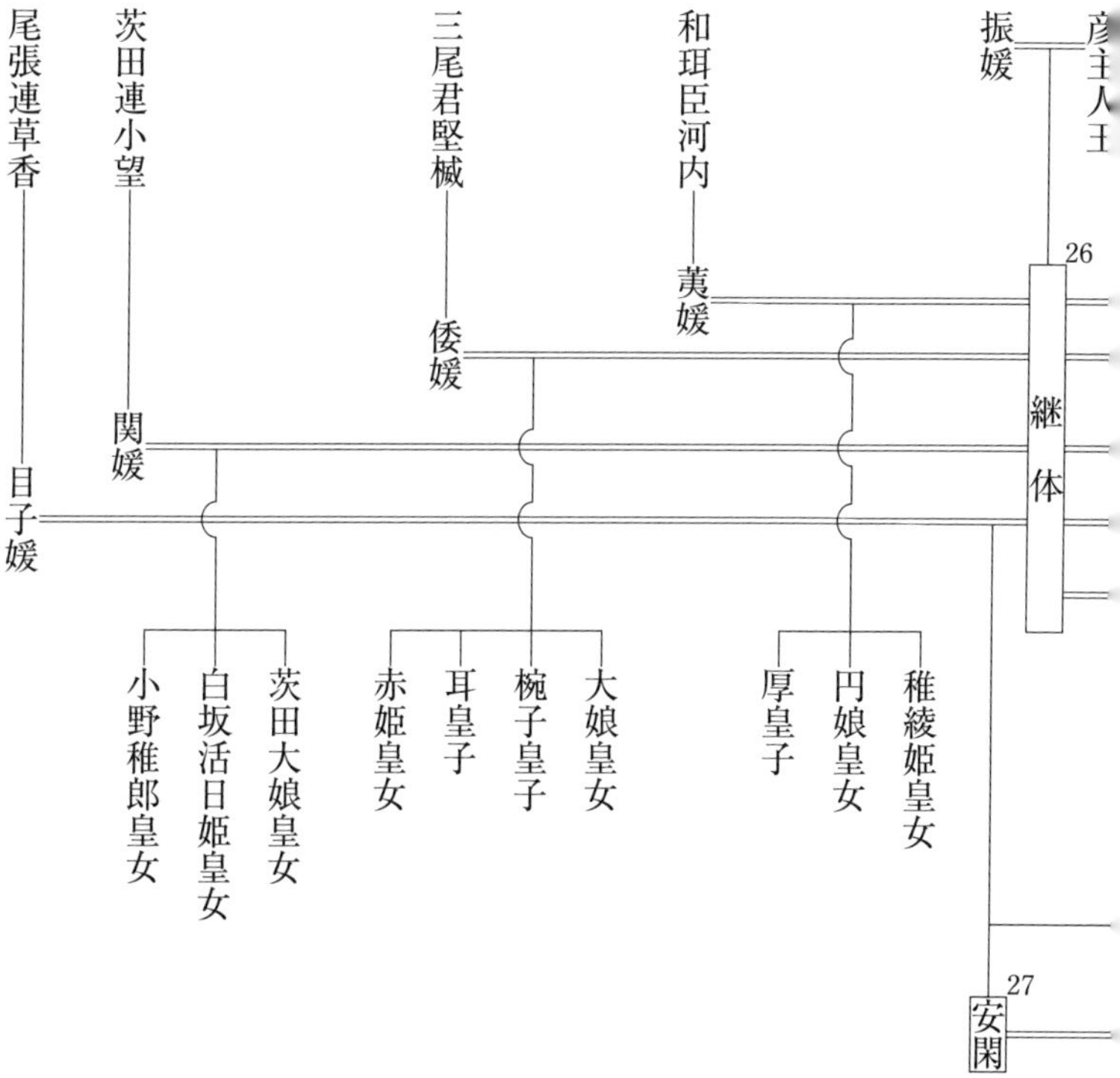
彦主人王
振媛
26
継体
和珥臣河内
荑媛
三尾君堅楲
倭媛
茨田連小望
関媛
尾張連草香
目子媛
稚綾姫皇女
円娘皇女
厚皇子
大娘皇女
椀子皇子
耳皇子
赤姫皇女
茨田大娘皇女
白坂活日姫皇女
小野稚郎皇女
27
安閑

略年譜（紀年・年齢・事跡は『日本書紀』本文に従う）

紀年	西暦	年齢	事跡	関連事項
允恭四〇	四五〇	一	彦主人王を父、振媛を母として近江の高島に生まれる	宋、倭王済を使持節都督倭新羅任那加羅秦韓慕韓六国諸軍事安東将軍倭国王とする
四一	四五一	二	幼くして父を失い、母の出身地の越前三国で育つ	
雄略五	四六二	一三		宋、倭王世子興を安東将軍倭国王とする
二二	四七八	二九		倭王武、宋に使いを遣わし高句麗を討つための援助を求める。宋、武を使持節都督倭新羅任那加羅秦韓慕韓六国諸軍事安東大将軍倭王とする
二三	四七九	三〇		宋に代わり、斉が興る
仁賢四	四九一	四二		高句麗、文咨王即位する
武烈二	五〇〇	五一		新羅、智証王即位する
三	五〇一	五二		百済、武寧王即位する
四	五〇二	五三		斉に代わり、梁が興る

八	五〇六	五七		武烈天皇、死去する
継体元	五〇七	五八	正月、大伴金村らの要請を受け、越前の三国を発って河内の樟葉宮に入る 二月、即位する 三月、仁賢天皇の娘の手白香皇女を皇后に立てる	
五	五一一	六二	十月、都を山背の筒城に遷す	
六	五一二	六三	十二月、任那の四県（上哆唎・下哆唎・娑陀・牟婁）を百済に割譲する	
七	五一三	六四	十一月、己汶・帯沙を百済に割譲する 十二月、勾大兄皇子（のちの安閑天皇）を皇太子に立て、輔政者とする	百済、五経博士段楊爾を倭に送る
八	五一四	六五	正月、匝布屯倉を設置する	伴跛国（加羅国）、子呑・帯沙に城を築き、倭に備える。新羅、法興王即位する
九	五一五	六六		物部連の率いる倭軍が、帯沙江で伴跛国に敗れる
一〇	五一六	六七		百済、段楊爾に代わる五行博士漢高安茂を倭に送る
一二	五一八	六九	三月、都を山背の弟国に遷す	
一三	五一九	七〇		高句麗、安蔵王即位する
一六	五二二	七三		加羅国王、新羅と通婚する

継体一七	五二三	七四		百済、聖明王即位する
二〇	五二六	七七	九月、都を大和の磐余の玉穂に遷す	
二一	五二七	七八	六月、任那復興のため、近江毛野を兵六万とともに派遣する 八月、磐井を討つため、物部麁鹿火を大将軍として派遣する	近江毛野、筑紫君磐井により軍を遮られる
二二	五二八	七九		物部麁鹿火、磐井と筑紫の御井で交戦し、磐井を斬る。磐井の子葛子、贖罪として糟屋屯倉を献上する
二三	五二九	八〇		近江毛野、任那復興に失敗する。新羅、任那の四村（金官・背伐・安多・委陀）を占領する
二四	五三〇	八一	近江毛野を召還する	近江毛野、帰国途中に死去する
二五	五三一	八二	二月、磐余玉穂宮にて死去する 「百済本記」に、この年、日本の天皇および太子・皇子がともに死去したとの伝聞があったと記す。或文では、継体の死去は継体二八年（五三四）のこととする 一二月、摂津三島の藍野陵に埋葬される	高句麗、安原王即位する

参考文献

荒木敏夫『日本古代の皇太子』吉川弘文館　一九八五年
石母田正『日本の古代国家』岩波書店　一九七一年
井上光貞「古代の皇太子」（初出一九六五年）『井上光貞著作集　一　日本古代国家の形成』岩波書店　一九八五年
井上光貞「雄略朝における王権と東アジア」（初出一九八〇年）『井上光貞著作集　五　古代の日本と東アジア』岩波書店　一九八六年
大橋信弥『日本古代の王権と氏族』吉川弘文館　一九九六年
大橋信弥「継体・欽明朝の「内乱」」吉村武彦編『古代を考える　継体・欽明朝と仏教伝来』吉川弘文館　一九九九年
大橋信弥『継体天皇と即位の謎』吉川弘文館　二〇〇七年
大林太良「古代の婚姻」『古代の日本』二　角川書店　一九七一年
岡田精司「継体天皇の出自とその背景」『日本史研究』一二八　一九七二年
岡田精司「風土記の磐井関係記事について」上田正昭編『神々の祭祀と伝承』同朋舎出版　一九九三年

小川良祐「埼玉稲荷山古墳の新情報」『ワカタケル大王とその時代—埼玉稲荷山古墳—』山川出版社　二〇〇三年
加藤謙吉『蘇我氏と大和王権』吉川弘文館　一九八三年
加藤謙吉「応神王朝の衰亡」佐伯有清編『古代を考える　雄略天皇とその時代』吉川弘文館　一九八八年
加藤謙吉『大和政権とフミヒト制』吉川弘文館　二〇〇二年
加藤謙吉『大和の豪族と渡来人』吉川弘文館　二〇〇二年
加藤謙吉「文献史料から見た継体大王」大阪府立近つ飛鳥博物館編『継体大王の時代』大阪府立近つ飛鳥博物館　二〇一〇年
川口勝康「在地首長制と日本古代国家」『歴史学研究別冊　歴史における民族の形成』一九七五年
岸　俊男「画期としての雄略朝—稲荷山鉄剣銘付考—」『日本政治社会史研究』上　塙書房　一九八四年
鬼頭清明「日本民族の形成と国際的契機」『大系日本国家史』一　東京大学出版会　一九七五年
熊谷公男「いわゆる「任那四県割譲」の再検討」『東北学院大学論集—歴史学・地理学—』三九　二〇〇五年
蔵中　進「「カフチ」考—「河内」と「開中」—」島田勇雄先生退官記念論文集刊行会編

『ことばの論文集』　前田書店出版部　一九七五年
倉本一宏「氏族合議制の成立—「オホマヘツキミ—マヘツキミ」制—」（初出一九九一年）
『日本古代国家成立期の政権構造』　吉川弘文館　一九九七年
車崎正彦「隅田八幡人物画像鏡の年代」宇治市教育委員会編『継体王朝の謎』
河出書房新社　一九九五年
黒田達也「日本古代の「大臣」についての一試考」（初出一九八三年）『朝鮮・中国と日本
古代大臣制』　京都大学学術出版会　二〇〇七年
河内祥輔『古代政治史における天皇制の論理』　吉川弘文館　一九八六年
埼玉県教育委員会『稲荷山古墳出土鉄剣金象嵌銘概報』　埼玉県教育委員会　一九七九年
佐伯有清「武蔵の古代豪族と稲荷山鉄剣銘」（初出一九七九年）『日本古代氏族の研究』
吉川弘文館　一九八五年
坂本太郎「列聖漢風謚号の撰進について」（初出一九三二年）『坂本太郎著作集　七　律令
制度』　吉川弘文館　一九八九年
坂本太郎「日本書紀と蝦夷」（初出一九五六年）『坂本太郎著作集　二　古事記と日本書紀』
吉川弘文館　一九八八年
坂本太郎「継体紀の史料批判」（初出一九六一年）『坂本太郎著作集　二　古事記と日本
書紀』　吉川弘文館　一九八八年

坂元義種『古代東アジアの日本と朝鮮』吉川弘文館　一九七八年
志田諄一「物部連」（初出一九六七年）『古代氏族の性格と伝承』雄山閣　一九七一年
篠川賢『日本古代国造制の研究』吉川弘文館　一九九六年
篠川賢『物部氏の研究』雄山閣　二〇〇九年
篠川賢「「連」のカバネと「連公」の呼称」『日本常民文化紀要』二九　二〇一二年
篠川賢『日本古代の歴史　二　飛鳥と古代国家』吉川弘文館　二〇一三年
篠川賢「古代宗像氏の氏族的展開」『「宗像・沖ノ島と関連遺産群」研究報告』Ⅲ　二〇一三年
白石太一郎「有銘刀剣の考古学的検討」国立歴史民俗博物館編『新しい史料学を求めて』吉川弘文館　一九九七年
鈴木靖民「倭国と東アジア」『日本の時代史　二　倭国と東アジア』吉川弘文館　二〇〇二年
鈴木靖民『倭国史の展開と東アジア』岩波書店　二〇一二年
武田幸男「平西将軍・倭隋の解釈」『朝鮮学報』七七　一九七五年
竹本晃「古代人名表記の「連公」をめぐって」栄原永遠男編『日本古代の王権と社会』塙書房　二〇一〇年
田中嗣人『聖徳太子信仰の成立』吉川弘文館　一九八三年

田中俊明『大加耶連盟の興亡と「任那」』　吉川弘文館　一九九二年
田中俊明『古代の日本と加耶』　山川出版社　二〇〇九年
田中俊明「継体大王時代の対外関係」大阪府立近つ飛鳥博物館編『継体大王の時代』　大阪府立近つ飛鳥博物館　二〇一〇年
田中俊明「朝鮮三国の国家形成と倭」『岩波講座日本歴史』一　岩波書店　二〇一三年
東京国立博物館編『江田船山古墳出土国宝銀象嵌銘大刀』　吉川弘文館　一九九三年
東野治之「七世紀以前の金石文」（初出二〇〇六年）『大和古寺の研究』　塙書房　二〇一一年
藤間生大『倭の五王』　岩波書店　一九六八年
直木孝次郎「人制の研究」『日本古代国家の構造』　青木書店　一九五八年
直木孝次郎「継体朝の動乱と神武伝説」『日本古代国家の構造』　青木書店　一九五八年
直木孝次郎「巨勢氏祖先伝承の成立過程」（初出一九六三年）『日本古代の氏族と天皇』　塙書房　一九六四年
直木孝次郎「物部連に関する二、三の考察」（初出一九六六年）『日本古代兵制史の研究』　吉川弘文館　一九六八年
直木孝次郎「厩戸皇子の立太子について」（初出一九六八年）『飛鳥奈良時代の研究』　塙書房　一九七五年

直木孝次郎「大伴氏と軍事的伴」『日本古代兵制史の研究』　吉川弘文館　一九六八年
中村友一「地方豪族の姓と仕奉形態」加藤謙吉編『日本古代の王権と地方』　大和書房　二〇一五年
野田嶺志「物部氏に関する基礎的考察」『史林』五一―二　一九六八年
林屋辰三郎「継体・欽明朝内乱の史的分析」（初出一九五二年）『古代国家の解体』　東京大学出版会　一九五五年
原島礼二『倭の五王とその前後』　塙書房　一九七〇年
原島礼二『古代の王者と国造』　教育社　一九七九年
平川南「百済の都出土の「連公」木簡―韓国・扶余郡扶余邑双北里遺跡一九九八年出土付札―」『国立歴史民俗博物館紀要』一五三　二〇〇九年
平林章仁「国造制の成立について」『龍谷史壇』八三　一九八三年
黛弘道『律令国家成立史の研究』　吉川弘文館　一九八二年
三品彰英「「継体紀」の諸問題」『日本書紀研究』二　一九六六年
水谷千秋『継体天皇と古代の王権』　和泉書院　一九九九年
水野祐『増訂　日本古代王朝史論序説』　小宮山書店　一九五四年
溝口睦子『日本古代氏族系譜の成立』　学習院　一九八二年
溝口睦子「系譜論からみた稲荷山古墳出土鉄剣銘文」『十文字国文』九　二〇〇三年

森公章『戦争の日本史 一 東アジアの動乱と倭国』吉川弘文館 二〇〇六年
森公章「「任那」の用法と「任那日本府」(「在安羅諸倭臣等」)の実態に関する研究」『東洋大学文学部紀要』六三 二〇一〇年
森公章「国造制と屯倉制」『岩波講座日本歴史』二 岩波書店 二〇一四年
森田克行『日本の遺跡 七 今城塚と三島古墳群』同成社 二〇〇六年
森田克行『よみがえる大王墓・今城塚古墳』新泉社 二〇一一年
八木充「大伴金村の失脚」『日本書紀研究』一 一九六四年
柳沢一男「岩戸山古墳と磐井の乱」宇治市教育委員会編『継体王朝の謎』河出書房新社 一九九五年
山尾幸久『日本国家の形成』岩波書店 一九七七年
山尾幸久『日本古代王権形成試論』岩波書店 一九八三年
山尾幸久『古代の日朝関係』塙書房 一九八九年
横田健一『日本書紀成立論序説』塙書房 一九八四年
義江明子『日本古代系譜様式論』吉川弘文館 二〇〇〇年
吉田晶「古代国家の形成」『岩波講座日本歴史』二 岩波書店 一九七五年
吉村武彦「倭国と大和王権」『岩波講座日本通史』二 岩波書店 一九九三年
渡辺三男「隋書倭国伝の日本語比定」『駒沢国文』五 一九六六年

著者略歴

一九五〇年神奈川県に生まれる
一九八一年北海道大学大学院文学研究科博士課程修了
一九九七年北海道大学より博士（文学）の学位取得
現在　成城大学文芸学部教授

主要著書

『日本古代国造制の研究』（吉川弘文館、一九九六年）
『日本古代の王権と王統』（吉川弘文館、二〇〇一年）
『飛鳥の朝廷と王統譜』（吉川弘文館、二〇〇一年）
『物部氏の研究』（雄山閣、二〇〇九年）
『日本古代の歴史　二　飛鳥と古代国家』（吉川弘文館、二〇一三年）

人物叢書　新装版

継体天皇

二〇一六年（平成二十八）二月十日　第一版第一刷発行

著　者　篠《しの》川《かわ》賢《けん》
編集者　日本歴史学会
代表者　笹山晴生
発行者　吉川道郎
発行所　株式会社　吉川弘文館
東京都文京区本郷七丁目二番八号
郵便番号一一三―〇〇三三
電話〇三―三八一三―九一五一〈代表〉
振替口座〇〇一〇〇―五―二四四
http://www.yoshikawa-k.co.jp/
印刷＝株式会社 平文社
製本＝ナショナル製本協同組合

ISBN978-4-642-05276-4

『人物叢書』（新装版）刊行のことば

人物叢書は、個人が埋没された歴史書が盛行した時代に、「歴史を動かすものは人間である。個人の伝記が明らかにされないで、歴史の叙述は完全であり得ない」という信念のもとに、専門学者に執筆を依頼し、日本歴史学会が編集し、吉川弘文館が刊行した一大伝記集である。

幸いに読書界の支持を得て、百冊刊行の折には菊池寛賞を授けられる栄誉に浴した。

しかし発行以来すでに四半世紀を経過し、長期品切れ本が増加し、読書界の要望にそい得ない状態にもなったので、この際既刊本の体裁を一新して再編成し、定期的に配本できるような方策をとることにした。既刊本は一八四冊であるが、まだ未刊である重要人物の伝記についても鋭意刊行を進める方針であり、その体裁も新形式をとることとした。

こうして刊行当初の精神に思いを致し、人物叢書を蘇らせようとするのが、今回の企図である。大方のご支援を得ることができれば幸せである。

昭和六十年五月

日本歴史学会
代表者 坂本太郎

日本歴史学会編集

人物叢書〈新装版〉

▽没年順に配列　▽一、二〇〇円〜二、四〇〇円（税別）
▽残部僅少の書目もございます。品切の節はご容赦ください。

日本武尊　上田正昭著
継体天皇　篠川　賢著
聖徳太子　坂本太郎著
秦河勝　井上満郎著
蘇我蝦夷・入鹿　門脇禎二著
持統天皇　直木孝次郎著
額田王　直木孝次郎著
藤原不比等　高島正人著
長屋王　寺崎保広著
県犬養橘三千代　義江明子著
山上憶良　稲岡耕二著
行基　井上　薫著
光明皇后　林　陸朗著
鑑真　安藤更生著
藤原仲麻呂　岸　俊男著
道鏡　横田健一著
吉備真備　宮田俊彦著
佐伯今毛人　角田文衞著
和気清麻呂　平野邦雄著
桓武天皇　村尾次郎著
坂上田村麻呂　高橋　崇著
最澄　田村晃祐著
平城天皇　春名宏昭著
円仁　佐伯有清著
伴善男　佐伯有清著
円珍　佐伯有清著
菅原道真　坂本太郎著
聖宝　佐伯有清著
三善清行　所　功著
藤原純友　松原弘宣著
紀貫之　目崎徳衛著
小野道風　山本信吉著
良源　平林盛得著
藤原佐理　春名好重著
紫式部　今井源衛著
一条天皇　倉本一宏著
大江匡衡　後藤昭雄著
源信　速水　侑著
源頼光　朧谷　寿著
藤原道長　山中　裕著
藤原行成　黒板伸夫著
清少納言　岸上慎二著
和泉式部　山中　裕著
源義家　安田元久著
大江匡房　川口久雄著
奥州藤原氏四代　高橋富雄著
藤原頼長　橋本義彦著
藤原忠実　元木泰雄著
源頼政　多賀宗隼著
平清盛　五味文彦著
源義経　渡辺　保著
西行　目崎徳衛著
後白河上皇　安田元久著
千葉常胤　福田豊彦著
源通親　橋本義彦著
文覚　山田昭全著
畠山重忠　貫　達人著
法然　田村圓澄著
栄西　多賀宗隼著
北条義時　安田元久著
大江広元　上杉和彦著
北条政子　渡辺　保著
慈円　多賀宗隼著
明恵　田中久夫著
藤原定家　村山修一著
北条泰時　上横手雅敬著

道元　竹内道雄著
北条重時　森幸夫著
親鸞　赤松俊秀著
北条時頼　高橋慎一朗著
日蓮　大野達之助著
阿仏尼　田渕句美子著
北条時宗　川添昭二著
一遍　大橋俊雄著
叡尊・忍性　和島芳男著
京極為兼　井上宗雄著
金沢貞顕　永井晋著
菊池氏三代　杉本尚雄著
新田義貞　峰岸純夫著
花園天皇　岩橋小弥太著
赤松円心・満祐　高坂好著
卜部兼好　冨倉徳次郎著
覚如　重松明久著
足利直冬　瀬野精一郎著
佐々木導誉　森茂暁著
細川頼之　小川信著
足利義満　臼井信義著
今川了俊　川添昭二著
足利義持　伊藤喜良著
世阿弥　今泉淑夫著

上杉憲実　田辺久子著
山名宗全　川岡勉著
一条兼良　永島福太郎著
亀泉集証　今泉淑夫著
蓮如　笠原一男著
宗祇　奥田勲著
万里集九　中川徳之助著
三条西実隆　芳賀幸四郎著
大内義隆　福尾猛市郎著
ザヴィエル　吉田小五郎著
三好長慶　長江正一著
今川義元　有光友學著
武田信玄　奥野高広著
朝倉義景　水藤真著
浅井氏三代　宮島敬一著
織田信長　池上裕子著
明智光秀　高柳光寿著
大友宗麟　外山幹夫著
千利休　芳賀幸四郎著
豊臣秀次　藤田恒春著
足利義昭　奥野高広著
前田利家　岩沢愿彦著
長宗我部元親　山本大著
安国寺恵瓊　河合正治著

石田三成　今井林太郎著
真田昌幸　柴辻俊六著
高山右近　海老沢有道著
島井宗室　田中健夫著
淀君　桑田忠親著
片桐且元　曽根勇二著
藤原惺窩　太田青丘著
支倉常長　五野井隆史著
伊達政宗　小林清治著
天草時貞　岡田章雄著
立花宗茂　中野等著
宮本武蔵　大倉隆二著
小堀遠州　森蘊著
徳川家光　藤井譲治著
由比正雪　進士慶幹著
佐倉惣五郎　児玉幸多著
林羅山　堀勇雄著
松平信綱　大野瑞男著
国姓爺　石原道博著
野中兼山　横川末吉著
隠元　平久保章著
徳川和子　久保貴子著
酒井忠清　福田千鶴著
朱舜水　石原道博著

池田光政　谷口澄夫著
山鹿素行　堀　勇雄著
井原西鶴　森　銑三著
松尾芭蕉　阿部喜三男著
三井高利　中田易直著
河村瑞賢　古田良一著
徳川光圀　鈴木暎一著
契　沖　久松潜一著
市川団十郎　西山松之助著
伊藤仁斎　石田一良著
徳川綱吉　塚本　学著
貝原益軒　井上　忠著
前田綱紀　若林喜三郎著
近松門左衛門　河竹繁俊著
新井白石　宮崎道生著
鴻池善右衛門　宮本又次著
石田梅岩　柴田　実著
太宰春台　武部善人著
徳川吉宗　辻　達也著
大岡忠相　大石　学著
賀茂真淵　三枝康高著
平賀源内　城福　勇著
与謝蕪村　田中善信著
三浦梅園　田口正治著

毛利重就　小川國治著
本居宣長　城福　勇著
山村才助　鮎沢信太郎著
木内石亭　斎藤　忠著
小石元俊　山本四郎著
山東京伝　小池藤五郎著
杉田玄白　片桐一男著
塙　保己一　太田善麿著
上杉鷹山　横山昭男著
大田南畝　浜田義一郎著
只野真葛　関　民子著
小林一茶　小林計一郎著
大黒屋光太夫　亀井高孝著
松平定信　高澤憲治著
菅江真澄　菊池勇夫著
島津重豪　芳　即正著
狩谷棭斎　梅谷文夫著
最上徳内　島谷良吉著
渡辺崋山　佐藤昌介著
柳亭種彦　伊狩　章著
香川景樹　兼清正徳著
平田篤胤　田原嗣郎著
間宮林蔵　洞　富雄著
滝沢馬琴　麻生磯次著

調所広郷　芳　即正著
橘　守部　鈴木暎一著
黒住宗忠　原　敬吾著
水野忠邦　北島正元著
帆足万里　帆足図南次著
江川坦庵　仲田正之著
藤田東湖　鈴木暎一著
二宮尊徳　大藤　修著
広瀬淡窓　井上義巳著
大原幽学　中井信彦著
島津斉彬　芳　即正著
月　照　友松圓諦著
橋本左内　山口宗之著
井伊直弼　吉田常吉著
吉田東洋　平尾道雄著
緒方洪庵　梅溪　昇著
佐久間象山　大平喜間多著
真木和泉　山口宗之著
高島秋帆　有馬成甫著
シーボルト　板沢武雄著
高杉晋作　梅溪　昇著
川路聖謨　川田貞夫著
横井小楠　圭室諦成著
小松帯刀　高村直助著

山内容堂　平尾道雄著
江藤新平　杉谷昭著
和宮　武部敏夫著
西郷隆盛　田中惣五郎著
ハリス　坂田精一著
森有礼　犬塚孝明著
松平春嶽　川端太平著
中村敬宇　高橋昌郎著
河竹黙阿弥　河竹繁俊著
寺島宗則　犬塚孝明著
樋口一葉　塩田良平著
ジョセフ＝ヒコ　近盛晴嘉著
勝海舟　石井孝著
臥雲辰致　村瀬正章著
黒田清隆　井黒弥太郎著
伊藤圭介　杉本勲著
福沢諭吉　会田倉吉著
星亨　中村菊男著
中江兆民　飛鳥井雅道著
西村茂樹　高橋昌郎著
正岡子規　久保田正文著
清沢満之　吉田久一著
滝廉太郎　小長久子著
副島種臣　安岡昭男著

田口卯吉　田口親著
福地桜痴　柳田泉著
陸羯南　有山輝雄著
児島惟謙　田畑忍著
荒井郁之助　原田朗著
幸徳秋水　西尾陽太郎著
ヘボン　高谷道男著
石川啄木　岩城之徳著
乃木希典　松下芳男著
岡倉天心　斎藤隆三著
桂太郎　宇野俊一著
徳川慶喜　家近良樹著
加藤弘之　田畑忍著
山路愛山　坂本多加雄著
伊沢修二　上沼八郎著
秋山真之　田中宏巳著
前島密　山口修著
成瀬仁蔵　中嶌邦著
前田正名　祖田修著
大隈重信　中村尚美著
山県有朋　藤村道生著
大井憲太郎　平野義太郎著
河野広中　長井純市著
富岡鉄斎　小高根太郎著

大正天皇　古川隆久著
津田梅子　山崎孝子著
豊田佐吉　楫西光速著
渋沢栄一　土屋喬雄著
有馬四郎助　三吉明著
武藤山治　入交好脩著
坪内逍遥　大村弘毅著
山室軍平　三吉明著
南方熊楠　笠井清著
山本五十六　田中宏巳著
中野正剛　猪俣敬太郎著
近衛文麿　古川隆久著
河上肇　住谷悦治著
牧野伸顕　茶谷誠一著
御木本幸吉　大林日出雄著
尾崎行雄　伊佐秀雄著
緒方竹虎　栗田直樹著
石橋湛山　姜克實著
八木秀次　沢井実著
▽以下続刊